致

In den 80ern und 90ern war Kreuzberg ein Mythos.
Berlinerinnen und Nichtberliner, West- und Ostdeutsche, Bürger
und Bürgerinnen, Mitgranten und Rucksacktouristinnen
besuchten und verfluchten Kreuzberg, sie schwärmten von
diesem Bezirk oder machten einen weiten Bogen drumherum, sie
lebten hier oder wollten hier leben, sie träumten von Kreuzberg.
Und jede und jeder hatte zu Kreuzberg etwas zu sagen.
Inzwischen ist es ruhiger geworden um diesen Bezirk, der in der
größeren Konstruktion Friedrichshain-Kreuzberg aufgegangen
ist. Im „Kreuzbergbuch" sind Texte und Bilder versammelt, die
über den Mythos Kreuzberg reden, über Wahrheiten und Lügen.
Ein Rückblick, ohne Verklärung und Wehmut, gut gelaunt.

Kreuzbergbuch

*herausgegeben
von Jörg Sundermeier,
Verena Sarah Diehl,
und Werner Labisch*

Verbrecher Verlag, Berlin 2002
www.verbrecherei.de

© Texte und Bilder bei den jeweiligen AutorInnen 2002
© Zusammenstellung Verbrecher Verlag 2002
Umschlagfotografie: Meike Jansen
Gestaltung: Sarah Lamparter
Druck: Dressler, Berlin
Printed in Germany

ISBN 3-935843-03-8

Dieses Buch wurde gefördert vom
Bezirksamt Friedrichshain-Kreuzberg,
Abteilung Bildung, Kultur und Sport.
Danke.

Der Verlag dankt Simona Cruciani,
María Teresa González Núñez und Martin Schlögl

INHALT

	1	VORWORT
Wolfgang Müller	5	ALS WESTBERLIN NEW YORK WAR UND KREUZBERG DIE FACTORY
Almut Klotz	11	DER ZETTELMANN
Tatjana Doll	19	10 SEITEN
Annette Berr	31	OKTOBERFEST
Darius James	35	NEW YORK. 1987.
Stefan Wirner	39	DIE STELLUNG KREUZBERGS IM UNIVERSUM
Sarah Schmidt	45	HUNDELIEBE
Jim Avignon	47	MEIN KIEZ
Christiane Rösinger	53	FISCHBÜRO
Sonja Fahrenhorst	61	HANS GEORG UND DIE WIRTSCHAFTSVERBRECHER
Leonhard Lorek	69	ICK FIND BLUT JUT
Jürgen Kiontke	99	BONN - KREUZBERG
Doris Akrap und Deniz Yücel	107	STATT DER AUTOBAHN KAM DER TÜRKE
Dietrich Kuhlbrodt	117	GÖRLITZER PARK
Max Müller	125	KREUZBERG, MEIN KREUZBERG
Oliver Grajewski	129	MAN MUSS DAHIN GEHEN, WO'S WEHTUT
Thorsten Platz	137	DJANGO
Françoise Cactus	145	WARUM ICH GESTERN AUFHÖREN WOLLTE ZU RAUCHEN
	148	DIE AUTORINNEN UND AUTOREN

Der Bezirk Kreuzberg wurde bald nach der Novemberrevolution 1918/19 bei der Schaffung der Stadtgemeinde Groß-Berlin aus Teilen der Friedrichstadt, der Luisenstadt sowie der Tempelhofer Vorstadt gebildet. Wegen der mangelnden Lokaltradition überlegte man zunächst, den Bezirk nach seinem bedeutendsten Verkehrsknotenpunkt „Hallesches Tor" zu benennen. Schließlich benannte man den Bezirk jedoch nach dem 66 Meter hohen Kreuzberg, der „am stärksten hervortretenden Eigentümlichkeit".

Der Kreuzberg sollte eine identitätsstiftende Wirkung haben, denn er hatte Geschichte, wenigstens ein wenig. Tempel- und andere Kreuzritter pflanzten und ernteten im Mittelalter hier ihren Wein. Und Kurfürst Joachim I. flüchtete sich am 15. Juli 1525 vor der von seinem Hofastrologen vorhergesagten Sturmflut auf den Kreuzberg. 1641 belagerten von ihm aus die Schweden die kurfürstliche Residenz. Hegel verbrachte am Kreuzberg sein letztes Lebensjahr. Die Errichtung eines Nationaldenkmals für die Befreiungskriege schließlich hatte 1821 dem Berg ein Kreuz und seinen Namen gegeben.

Kreuzbergs städtische Struktur ist durch die Industrialisierung geprägt. Berlin war die größte Mietskasernenstadt der Welt, Spekulanten nutzten die Wohnungsnot und den Bevölkerungszuwachs, um durch hohe Mieten und viele Mietparteien auf möglichst geringer Fläche den größten Profit zu erzielen. Ideen zu einem humaneren Wohnungsbau blieben Einzelfälle. Familien, die häufig aus den ländlichen Zuwanderungsgebieten kamen, hatten ihr Nutzvieh mitgebracht und hielten es in den Hinterhöfen. Das neue Proletariat blieb arm.

Obwohl der Fläche nach neben Friedrichshain der kleinste Bezirk, hatte Kreuzberg bis Mitte der dreißiger Jahre die höchste Einwohnerzahl. Es war Verlags- und Zeitungsviertel, fast alle Reichsministerien und -behörden lagen dort. Kreuzberg war im eigentlichen Sinn der Innenstadtbezirk Berlins.

Zwischen 1933-45 befand sich die Zentrale der Nazis, also Reichsführung, Gestapo und Reichssicherheitshauptamt in Kreuzberg. Die Synagogen in der Lindenstraße und am heutigen Fraenkelufer wurden durch Feuer zerstört. Die jüdische Bevölkerung wurde deportiert und ermordet.

Nach 1946 waren weniger als 60 Prozent der Häuser bewohnbar. Der Bau der Berliner Mauer 1961 machte den eigentlichen Innenstadtbezirk Kreuzberg nun zum Randbezirk des westlichen Teils der Stadt. Da über Jahre der Umfang der angekündigten Sanierungsmaßnahmen unklar blieb, ließen HausbesitzerInnen die Häuser verfallen. Wohnungsleerstand im großen Ausmaß war die Folge.

Während der Kahlschlagsanierung der siebziger Jahre war Kreuzberg als Bezirk der Rentner und der sozial Schwachen bekannt. So wurden die „Gastarbeiter" und deren Familien nach Kreuzberg geholt, da sonst kaum jemanden in den überalterten Wohnbauten einziehen wollte. Kreuzberg blieb arm. Mehr und mehr gesellten sich HausbesetzerInnen und diverse autonome Gruppen hinzu, die den leerstehenden Wohn- und Arbeitsraum nutzten. Eine linke Kulturszene entstand.

Kreuzberg gilt seither als obskurer Flecken innerhalb Deutschlands: „die größte türkische Stadt außerhalb der Türkei",

„Künstlerkolonie", „größtes Sanierungsgebiet Europas", „Chaotenviertel" und „Autonomes Kreuzberg". „Dieser ‚exotische Kiez' entwickelte eine besondere Attraktivität für Randgruppen und Außenseiter, für die Jugend im Aufbruch und für Touristen, die sich den urbanen Schauder abholen", heißt es auf einer Infoseite im Internet über Kreuzberg.

Heute versucht man den „schwindenden Flair" Kreuzbergs in die aufblühenden Bezirke Prenzlauer Berg und Friedrichshain hinüberzuretten, mit Begründungen wie: „der Prenzlauer Berg ist nach Wesen und Struktur mit Kreuzberg zu vergleichen. Er heißt ebenfalls nach einer Anhöhe und ist fast gleich groß."

In diesem Buch zeigen Menschen Bilder und erzählen Geschichten aus einer kurzen Zeitspanne dieses Bezirks. Jene Zeit, die den Bezirk über seine Stadtgrenze hinaus berüchtigt gemacht hat. Die Geschichten, in alter wie neuer Rechtschreibung geschrieben, sind 80er oder 90er – hybride Texte und Bilder aus einem hybriden Bezirk, der durch den Fall der Mauer plötzlich in der Mitte einer deutschen Hauptstadt lag.

Verena Sarah Diehl, Jörg Sundermeier, Werner Labisch

ALS WESTBERLIN NEW YORK WAR UND KREUZBERG DIE FACTORY

von Wolfgang Müller

Mit etwa zwanzigjähriger Verspätung haben die Grünen Warhol für sich entdeckt: In den bekannten Popfarben, pink und quietschgelb, angelehnt an den Stil seiner Auftragsportraits leuchtete zur Wahlzeit in Kreuzberg das Portrait des linksflügeligen MdB-Kandidaten Hans-Christian Ströbele von Wänden und Straßenschildern.

Noch etwa zwanzig Jahre vorher hatten die Grünen einen wunderschönen Wahlplakatentwurf des Popkünstlers strikt abgelehnt: zarte, lanzettförmige grüne Blätter und dazwischen der Schriftzug: „Die Grünen". Immerhin nehmen die Grünen den Künstler und seine Kunst ernst, versuchte ich seinerzeit die rätselhafte Zurückweisung des Geschenks zu erklären. Warhol hatte es ihnen auf Anregung von Grünenmitbegründer Joseph Beuys stiften wollen. Tatsächlich schienen die Polit-, Kunst- und Werbeästheten der Partei damals wohl sagen zu wollen: Wir sind nicht käuflich! Wir sind keine Campbell's-Tomatensuppe in der Dose, keine Liz Taylor, kein elektrischer Stuhl, kein Brillo-Waschpulver. Im Westberlin der 80er Jahre hatten die Grünen noch nicht zu Warhol gefunden, obwohl sie ihm gar nicht so unähnlich sind.

Das Gebilde Westberlin entwickelte sich in den 80ern zunehmend zu einer Art verkleinerten Ausgabe von New York. Kreuzberg fiel dabei die Rolle der Factory zu[1]. Zumindest bestätigten Gäste aus New York den geschmeichelten Westberlinern diese Empfindung. Dass Andy Warhols Popstar Lou Reed von schönen, romantischen Nächten in Berlin sang, womit er ausdrücklich Westberlin meinte, David Bowie im Schöneberger Schwulencafé „Anderes Ufer" zwei Stunden verbrachte, wovon dort die nächsten zwanzig Jahre gezehrt wurde, gab der kunstschaffenden Szene ein Gefühl von Bedeutsamkeit. Nur hier, in diesem unwirklichen Film, dieser Welt am Draht, konnte sich jede und jeder narzisstisch Gestörte wie ein bedeutender Popstar vorkommen.

Die kargen Einkünfte der zahlreichen unbekannten Popgrößen durch elterliche Zuweisung, Bafög, Kellnerjobs oder Arbeitslosengeld wurden in die New Wave-Diskothek „Dschungel" verbracht – in der Hoffnung, einen unauffälligen, heißt unbeobachteten Blick auf Brian Ferry, Nina Hagen oder Iggy Pop werfen zu können. Der „Dschungel", nahe des Kudamms in der Augsburger Straße gelegen, war die Westberliner Entsprechung zu Warhols Stammdiskothek „Studio 54" oder dem „Area" in Manhattan.

Und ähnlich wie in New York, wohnten die allerwenigsten Besucher gleich nebenan, also da wo die Mieten hoch waren. Statt dessen nahmen sie die umständliche Reise aus dem mietpreisgeschützten Kreuzberg gern in Kauf.

Dort, in der laut *Spiegel* schlimmsten Straße der Republik, der Kreuzberger Waldemarstraße, veranstaltete im Juni 1984 das legendäre Frontkino eine „Tödliche Doris Pfingstparty". Kleine rote Teelichter markierten den dunklen Weg zum zweiten Hinterhof. Wenn wir geahnt hätten, dass zwei Stockwerke über uns, unter dem Dach, die Leiche einer in Plastikfolie verschnürten Frau vermoderte, hätte es wohl keine solche rotflackernde Lichterkette gegeben. Der bis heute ungeklärte Mord war Ausgangspunkt des erwähnten *Spiegel*-Artikels, der von einer völlig rechtsfreien Zone im tiefsten Kreuzberg handelte. Meiner Mutter, die mich in meiner Wohnung in der Waldemarstraße besuchen wollte, musste ich lange versichern, dass ich in dieser Straße noch nie überfallen, ausgeraubt oder sonst wie misshandelt worden war.

Von 22.00 Uhr bis in die frühen Morgenstunden währte jedenfalls die Pfingstparty, bei der in halbstündigem Rhythmus Westberliner Stars und Sternchen kleine, zweiminütige Performances aufführten. Als Honorar für meine Partyorganisation hatte ich mir von den Kinobetreibern den Warholfilm „Empire State Building" von 1964 gewünscht – in voller Länge, also acht Stunden und fünf Minuten. Er sollte während der gesamten Party über die Köpfe der Tanzenden hinweg projiziert werden, bis sechs Uhr morgens. Leider war es nur möglich eine Minifassung des Films von gerade mal fünf Minuten Länge vom Verleih aufzutreiben. Die Kurzfassung war mit ebenso kurzen Sequenzen von „Sleep", eigentlich ein Sechs-Stunden-Film und „Kiss" kombiniert. Zum Trost wurde mir überraschend der Hauptdarsteller, also der unbekannte Schläfer aus „Sleep" nur ein paar Wochen später in einer U-Bahnstation in Manhattan von einem Künstlerkollegen vorgestellt: es war der Schriftsteller John Giorno. Wieder ein paar Jahre später servierte ich ihm, dieses Mal als Kellner des „Kumpelnest 3000" in Tiergarten einen Whisky on the Rocks. An seiner Rolle in „Sleep" konnte er sich auf Nachfrage nur noch partiell erinnern.

Als anlässlich der großen Berliner Ausstellung mit

Rauschenberg, Twombly, Beuys und Warhol in der Nationalgalerie der Meister selbst in der Westhälfte weilte, besuchte er das „DNC", eine coole In-Disko, eine Art VIP-Club für die Wave-Szene in Kudammnähe, deren Betreiber möglicherweise in ihren Wohnungen alles mit Warhol-Postern tapeziert hatten. Doch Warhol wurde arrogant der Einlass verwehrt, man erkannte ihn schlicht und einfach nicht, sah nur einen pickligen, blassen Nobody. Ihn ereilte damals dasselbe Schicksal wie den Kreuzberger Ökofreak, den Bartträger, die lilagewandete Feministin, die mit unpassendem Strickpullover Einlass in die Disko begehrt hätte.

Es gab Menschen in Kreuzberg, die weinten, als schließlich 1989 die Mauer fiel, aber nicht etwa aus Rührung, sondern ganz egoistisch aus Geschocktheit und aus Angst vor dem Verlust. Die Tür der schönen Factory stand plötzlich für jeden offen, das Konstrukt der „Mauerstadt", das Leben im Film, wandte sich plötzlich einer schnöden Realität zu. Die Banane, die einst das Cover der von Warhol produzierten Velvet Underground-LP zierte, quoll plötzlich aus allen Müllkörben. Zum ersten Mal in meinem Leben nahm ich die gelben Abfallkörbe der Kreuzberger Adalbertstraße wahr, – bis oben hin waren sie mit Bananenschalen vollgestopft, der Appetit der in die Westhälfte hereinströmenden DDR-Bürger auf die Südfrucht war immens.

Mit der Zeit wurde alles immer normaler, beruhigte sich, die Bürger aus dem Osten entdeckten ihre Gurken aus dem Spreewald wieder und die kleinen, sauren Äpfel aus der Lausitz.

Und schließlich strömte selbst die Kölner Kunst- und

Galerienszene, für die das Westberlin der 80er Jahre nun wirklich der allerletzte Ort war, um Talente zu entdecken, zu fördern oder Kunst mit Business zu verbinden, heißt, erfolgreich zu vermarkten, in die neue Hauptstadt, Richtung Mitte, Auguststraße und Umgebung.

Auch mein Kreuzberger Galerist konnte sich dem Sog nicht entziehen. Letztendlich zog er in die neue Galerienmeile im Zentrum, um sich dort mit seinem zweiten Standbein unter dem Künstlerpseudonym Susi Pop dem Portraitieren von zahlenden Auftraggebern in warholschem Rosa zu widmen. Daneben parodierte die Popkünstlerin, die von anderen Galeristen hinter vorgehaltener Hand scherzhaft Susi Pup genannt wurde, erfolgreiche bekannte Stars wie Picasso und Gerhard Richter. Um nicht in Verlegenheit zu kommen, selbst einmal von meinem Galeristen in rosa nachempfunden werden zu müssen, flüchtete ich mit meinen Werken, jetzt zusammengefasst als Werkblock „Walther von Goethe Foundation Reykjavík" in die Räume des Frisörsalons „Beige" in der Auguststraße. Hier präsentierte ich meine neuen Kunstwerke und hier – nah am Trend der Zeit, denn das sind Frisöre mit ihrer unmittelbaren Arbeit am fremden Kopf mehr noch als Galeristen – fand ich Erholung und Muße von den Missverständnissen, die die Kunst von Warhol in der Kunst und der Kunstwelt unablässig produziert. Seine Idee eines Filmes in Realzeit hat längst die Mitte der Gesellschaft erobert: „Big Brother" ist die Volksausgabe von „Sleep" und „Empire State Building".

Herbst 2001. Auf den Straßen Kreuzbergs hängen Waschmittelplakate. Aber nicht etwa die der Firma Brillo, um

Warhols große Ausstellung in der Nationalgalerie anzukündigen, Brillo soap pads, Holzpakete, die Warhol vor langer Zeit als Siebdruckobjekt stapelte, nein, es sind die Wahlplakate der Grünen: Die saubere Alternative.

[1] Hier, in diesem Bezirk, probten geniale Dilletanten in Kellern, Wohnungen und besetzten Häusern, es wurde gemalt, gezeichnet, geschneidert, gefilmt und getanzt. Unabhängige Galerien und Kinos eröffneten, oft ohne Konzession oder Gewerbeerlaubnis. Eine Welle der Kreativität überschwemmte den Bezirk, in dem nur eines nicht funktionierte: diese Energie irgendwie zu bündeln und zu vermarkten. Großer Erfolg galt nämlich als Zeichen schändlicher Anpassung. Nur selten streckte der offizielle Kunstmarkt ernsthaft seine Fühler in den Bezirk aus. Nach einer Veröffentlichung des Kunsttheoretikers Wolfgang Max Faust im Kunstforum über eine „neue Tendenz in der Kunst" namens „Cross-Culture" schloss der Kölner Galerist Paul Maenz mit den genannten Vertretern der Bewegung, dem Kreuzberger Kunstprojekt EndArt einen Vertrag ab. Nach nur zwei Jahren scheiterte die kommerzielle Etablierung der aggressiven Punk-, Sex- and Drugs-Attitüde von EndArt mit der Auflösung des Vertrages durch Paul Maenz. Der Galerist wandte sich wieder seinen sicheren Warholsiebdrucken zu.

Bestimmte Konsumgüter durften ein gewisses Preislimit nicht überschreiten. So entwickelte sich ein Restaurant, dass ein gehobeneres Essen statt für die üblichen zwanzig für dreißig Mark anbot, zum Symbol übler kapitalistischer Gesinnung. „Gut Essen gehen" galt, im Gegensatz zu einer guten Lederhose oder einem gutem Motorrad, in Kreuzberg als zutiefst unmoralisch. Das „Maxwell" in der Oranienstraße schloss schließlich seine Pforten, weil eine revolutionäre „Kübeltruppe" mehrfach den entnervten Betreibern mit Zerstörung drohte und Jauche in das Restaurant kippte. Aber auch illegale Kneipen wie das „GOTT" in der Adalbertstraße bekamen revolutionären Besuch, weil die Bierpreise angeblich zu hoch waren.

DER ZETTELMANN

Ein Szenemärchen
von Almut Klotz

An einem kalten Winterabend im Jahre 1987, in einer ungeheizten Bar, in der ein zitterndes Rudel Menschen mit den Füssen scharrte, sah ich ihn zum ersten Mal. Er wirkte harmlos und freundlich, aber sein unsteter Blick und sein andauerndes Nesteln in seiner Tasche verriet mir: Dieser Mann führt was im Schilde. Und schon war er weitergeglitten, er huschte durch den Raum, schien jeden zu kennen und in meiner eigenen Schwere erschien er mir leichtfüßig wie ein Tänzer.

Seit diesem Abend traf ich ihn immer wieder. Ich begann ihn zu beobachten. Er trug immer einen Parka. Sein Mund klappte ununterbrochen auf und zu. Seine Hände umfaßten scheinbar immer dieselbe Bierflasche. Doch während seiner Gespräche obenrum hantierten seine Finger plötzlich untenrum in seinen Taschen und holten Zettel heraus, die sie in andere Taschen und zwischen andere Finger steckten. Ich bemerkte in der Folgezeit, dass er meistens eine unauffällige abgeschabte Ledermappe hatte, aus der er das Zeug holte, manchmal aber auch nur eine einfache Kaiser's-Plastiktüte, vielleicht, wenn der Stoff besonders heiß war. Er war mir unheimlich, gleichzeitig suchten meine Augen jeden Raum nach ihm ab.

Er treibt sich um er treibt sich um er treibt sich immer um
Und bist du mal nicht aufgeweckt dann hat er dir was zugesteckt
Zettelmann ist nicht dumm

Eines Nachts stellte ich mich unauffällig in die beiläufige Schlange, die sich so locker vor dem Zettelmann gebildet hatte und wartete nervös, ob er mir auch so einen Zettel zustecken würde. Er tat es nicht, und ich spürte die Leute hinter mir ungeduldig werden. In meiner Verzweiflung machte ich eine kleine Bettelgeste mit den Fingern, und da steckte er mir tatsächlich einen Zettel zu. Ich ließ ihn, wie die anderen das vor mir auch getan hatten, in meine Tasche gleiten und versuchte, mir nichts anmerken zu lassen. Nach einer Weile ging ich aufs Klo, und dort las ich den Zettel: „Komm am Freitag um 23 Uhr in die Ritterstrasse 3, HH, 2. Stock, Schellenberg." stand da geschrieben. Da ich nicht alleine hingehen wollte und nicht wußte, ob man ohne Zettel überhaupt reinkam, kopierte ich das geheime Dokument zweimal für meine beiden Freundinnen und noch ein weiteres mal zur Sicherheit. In den nächsten Tagen ging ich öfters die Ritterstrasse entlang. Sie wirkte harmlos und für SO 36-Verhältnisse fast spröde. Die Hausnummer 3 war ein neueres, nur dreistöckiges Gebäude. Ich schlenderte in den betonierten Hinterhof und schaute mich um. Kein Mülleimer. Kein Mensch. Kein Geräusch. Am Hinterhaus ein sauberes Schild, das auf ein Rechtsanwaltsbüro in der ersten Etage hinwies. Das alles schien mir sehr verdächtig. Am Freitag holten mich meine beiden Freundinnen ab. Wir waren ziemlich aufgeregt, nahmen ein Fläschchen Reizgas und eine Gaspistole mit und hinterließen bei meinem Nachbarn einen verschlossenen Brief, in dem der Zettel und eine Beschreibung des Zettelmanns lagen, mit der dringenden Bitte, er möge diesen am nächsten Abend öffnen, falls ich mich bis dahin nicht bei ihm gemeldet hatte, und nur dann! Mein Nachbar fand das völlig in Ordnung, und ich war mal wieder dankbar, daß es ihn gab. Dann fuhren wir zur Ritterstrasse 3.

Es gingen einige ganz normal aussehende Leute vor uns zur gleichen Tür, und unsere Angst verflog. Am Eingang saß eine nette Frau mit einer Kasse, sagte gutgelaunt: „8 Mark bitte!", und plötzlich standen wir in einer riesigen Etage, in der eine Masse von zirka 400 Leuten wogte, es gab einen Discjockey auf einer Art Altar und einen Glaskasten mitten im Raum, in dem ein schüchternes Klo hockte. Es sah ganz echt aus, und es wurde auch benutzt. Wir liefen ein paarmal im Kreis, bis wir eine Bar entdeckten. Dort standen wir dann einige Stunden dumm rum. Immer wieder schickte ich verstohlene Blicke zu dem Glaskasten und studierte die unterschiedlichen Pinkelstellungen. Manchmal war eine ganze Traube Menschen in dem Kasten, und ich wurde Zeugin eines merkwürdigen Rituals, bei dem sich alle dicht aneinandergedrängt zu etwas Unsichtbarem hinunterbeugten. Einer nach dem anderen löste sich von der Traube und ging zum Klo, kam zurück und kuschelte sich wieder an die anderen. Neben mir raunte es: „Hier gibt's ab sind", aber als ich mich umwandte, schien niemand diese Worte gesagt zu haben.

Dann sah ich den Zettelmann wieder. Er wirkte aufgekratzt und machte eine abrupte Wendung Richtung Bar. „Kann ich ein paar Flyer hinlegen?" schrie er über unsere Köpfe hinweg, und die Barfrau nickte lachend. Er legte einen Stoss direkt vor uns hin, und wir nahmen automatisch jede einen. „Flyer heißen die also", versicherten wir uns gegenseitig, und das neue Wort bewegte sich komisch im Mund.

„Mittwoch, 14.9., hinter der letzten Yorckbrücke: korrupt in love. Acid." stand dieses Mal drauf, und wir fühlten uns großartig, daß wir nun zu einer ausgesuchten Öffentlichkeit gehörten, zur Flyersociety.

Auch meinen Nachbarn traf ich noch in der Ritterstrasse 3, der nun doch wissen wollte, was für spannende Sachen hier abliefen und was ich damit zu tun habe. Ich konnte ihm nicht die Wahrheit sagen und wollte auf jeden Fall verhindern, daß er meinen Brief öffnete. Deshalb erfand ich eine Geschichte von der Zwillingsschwester des besten Freundes meines Ex-Freundes, die gleich nach der Geburt von ihrem Bruder getrennt worden war. Mit Einwilligung der bösen Mutter wurde sie als DDR-Gut aufgezogen. Die Funktionäre wollten aus ihr eine Top-DDR-Bürgerin machen und bezahlten die Familie dafür, daß der Zwillingsbruder in Westdeutschland Drogen nahm und Terrorist wurde. Die Zwillinge aber wollten nun wieder zusammenkommen und drohten dem DDR-Staat, mit der Wahrheit an die Öffentlichkeit zu gehen, wenn der Ostzwilling nicht ausbürgern dürfe. Die DDR mußte sich fügen, und heute nacht sollte die Übergabe der Zwillingshälfte stattfinden, und deshalb müsse ich jetzt sofort gehen ... Und deshalb mußte ich gehen, obwohl ich noch gerne geblieben wäre.

Meine beiden Freundinnen mochten nicht einsehen, warum sie gehen sollten, nur damit ich vor meinem Nachbarn glaubwürdig erschien. Sie lachten plötzlich so flirrend und verstanden sich unheimlich gut. Ich ging also alleine. Die Treppe war jetzt voller Menschen, ich kam kaum durch. Unten an der Haustür stand die schöne Ikone, die ich schon so oft gesehen und die mich bisher huldvoll ignoriert hatte, und strahlte mich innig an: „Mußt du auch nach Schöneberg?" Aber ich wollte in meinem vertrauten Kiez bleiben, obwohl der sich heute von seiner geheimnisvollen Seite gezeigt hatte. Ich blieb bei ihr stehen, bis ihr Taxi kam, denn unter Taxi lief bei ihr nichts, und wußte bald über ihr derzeitiges kompliziertes Geliebtendasein mit einem Dirigenten Bescheid. Ich hatte nichts zu sagen, der Wagen kam lange nicht, sie hatte ein Lastentaxi bestellt wegen ihrer schwarzglänzenden kunstvollen Hochfrisur, und Lastentaxis gab es nicht so viele. Beim Abschied umarmte sie mich zärtlich, und ich hatte Angst, daß ich nun ihre neue Freundin war. Aber diese Befürchtung erwies sich als völlig unbegründet.

Die Zwillingsgeschichte, die ich nur erfunden habe, um nicht meine späte Initiation offenbaren zu müssen, wurde zu einer der großen Mauerstadtlegenden und ist sogar mal in einer bekannten deutschen Krimiserie verfilmt worden. Genutzt hat es mir gar nichts, denn natürlich machte mein Nachbar den Brief doch auf und lachte sich halbtot. Noch Jahre später, als er schon gar nicht mehr mein Nachbar war, rief er: „Meine Damen, meine Herren: das Zettelopfer!", sobald er mich sah.

Die schöne Ikone ist immer noch schön und wohnt in Schöneberg. Sie geht nicht mehr so viel aus, aber wenn, dann immer noch nur mit Taxi. Doch sie lebt heute in bescheidenen Verhältnissen, deshalb nimmt sie mehrere Kurzstreckentarife hintereinander, immer in der Sorge, daß das letzte Taxi, in dem sie gerade gesessen hatte, noch einmal anhalten würde und ihre Armenstrategie sich somit entlarvte.

Auch den Flyerman gibt es immer noch, unermüdlicher und rastloser denn je, mit Flyerformaten, die teilweise ins Irrwitzige gehen. Wo er ist, hinterläßt er seine Spuren. Neulich war er auf meiner Geburtstagsparty zuhause. Am nächsten Morgen sah ich in der ganzen Wohnung seine Flyer rumliegen. Auch im Treppenhaus lagen fein säuberliche Stöße auf den Fenstersimsen eines jeden Treppenabsatzes. Am frühen Abend klingelte es an meiner Tür. Da stand meine Nachbarin vom vierten und drückte mir den zusammengesammelten Stapel Flyer in die Hand: „Ich glaube, das haben Sie verloren!" sagte sie freundlich und besorgt.

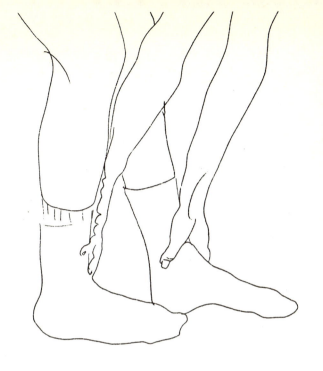

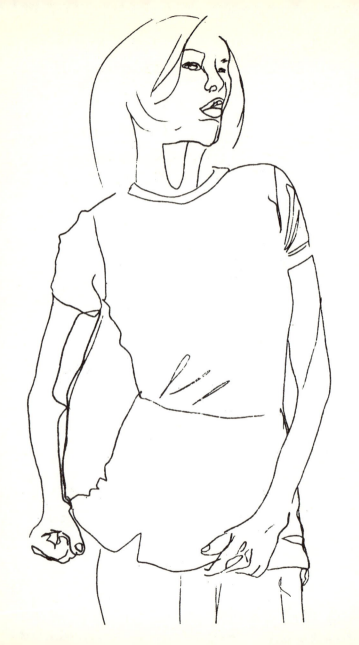

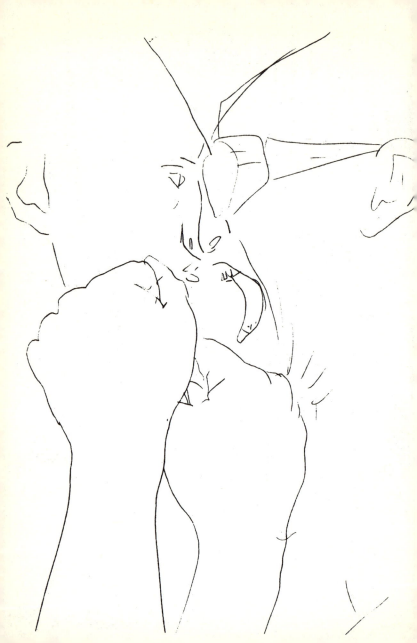

OKTOBERFEST

von Annette Berr
für Lotti

Es mußte schon ziemlich spät sein, ganz bestimmt wurde es draußen schon hell. SIE war eine von diesen besonders schönen Frauen, an die man sich immer nicht rantraut. SIE war vollkommen breit, jenseits von allem, so wie wir alle uns in einer anderen Dimension befanden. Ich hatte längst aufgehört, die Lippen und Küsse und Hände nach ihren Namen zu fragen. Meine Augen tränten vom Zigarettenqualm, so ließ ich sie geschlossen. Alles war irgendwie egal, und wir waren sowieso nicht mehr von dieser Welt, und sie, sie war so schön, so wunderschön, daß ich sie nicht einmal ansehen brauchte, weil meine Hände ausreichten, und weil ich sie gar nicht hätte ansehen können. Ich war überhaupt nicht mehr schön, daß wußte ich und mein Atem besaß jene betäubende Wirkung, denn der Whisky blies aus jeder Körperöffnung, ein Glück und ich hatte wirklich aufgehört, nach den Gründen zu fragen. Sie saß jetzt schon eine halbe Stunde neben mir und ich überlegte, wie lange sie noch bleiben würde oder ob wir nicht hier verschwinden sollten. Es mochten an die hundert Leute gewesen sein, und alle waren auf irgendeiner Droge, und wir waren sehr cool, und sehr alleine, und es war wie ein verrückter Film, denn niemand konnte mit niemandem reden, weil die Sprachen nicht mehr zueinander fanden.

 Und sie war so schön, daß meine Hände betrunken wurden von all den Linien und den weichen Polstern, und den

Knochen, die waren irgendwo unter all ihrem vielen, vielen Fleisch, und ich wußte gar nichts mehr, sogar meinen Namen hätte ich nicht gewußt, aber sie fragte auch nicht danach.

Schließlich war sie es dann, die aufstand, und die mich an der Hand hielt, so daß ich auch aufstehen mußte, und dann versuchten wir, den Ausgang zu finden, aber das war nicht einfach und meine Augen tränten, und ich sah einen Mickey Mouse-Film, der war viel zu schnell, und lauter komische Gesichter flitzten über meine Netzhaut, und ich mußte stehen bleiben, weil ich nur noch lachen konnte, aber nicht mehr laufen. Die Schöne blieb auch stehen und wir küßten uns, und sie schmeckte nach Gummibärchen, nach weißen Gummibärchen, die mochte ich von allen Farben am liebsten, aber dann lachte auch sie und wir blieben an der Wand stehen, obwohl die Tür nach draußen gar nicht mehr so weit entfernt schien, aber wir blieben, und das war schon okay. Vielleicht war es draußen schon Tag, und dann hätten wir uns in Staub verwandelt, oder wären doch zumindest faltig geworden und häßlich, weil wir in der Nacht leben, und die Vampire die mögen keine Sonne, und so kam es dann, und alle anderen sahen zu, sie mochten es gerne, denn endlich passierte wieder etwas. Wir standen an der Wand und sie schmeckte nach Gummibärchen, während zweimal hundert Augen uns anstarrten, und es waren zweimal hundert Küsse, die küßten ganz weich und sie warteten auf einen neuen Film, denn alle Filme waren schon alt und nichts konnte einen noch wundern, und so standen wir und die anderen sahen zu, denn wir waren wie Hunde auf der Straße, und ich mochte es gerne, denn alle sahen zu, und ich wußte, daß auch sie es mochte, aber ich spürte gar nicht mehr viel, denn irgendwie waren die Drogen wie ein breiter Fluß zwischen uns, und ich konnte sie gar nicht berühren, denn meine Arme waren nicht sehr lang. Ich stellte mir vor, wie ich wohl aussehen mußte, und ich glaube, ich sah aus wie eine Windmühle, denn ich warf meine Hände in den Raum, dorthin, wo sie vielleicht stehen würde, aber meine Hände kamen zurück, und sie blieben leer. Ich warf meinen Mund auf sie, aber er fiel weit daneben, er fiel auf den Boden, mitten hinein in eine Pfütze aus altem Bier, und ich glaube, es sah sehr komisch aus, so wie es immer komisch ist, wenn man sein Leben zerstückelt, und wenn die Lust nichts weiter mehr ist als ein Haufen kleiner Gummibälle, und die wirft man gegen einen Stapel Blechbüchsen, aber kein Gummiball trifft, und der ganze Jahrmarkt lacht sich scheckig, weil jedes Drama plötzlich wie ein Mickey Mouse-Film aussieht, und weil man dann eben lachen darf, und das ist schon okay so, weil es nicht wehtut, solange man noch lacht.

Ich habe keine Erinnerung, ich habe keine Geschichte von diesem Abend, aber es muß lange gedauert haben, denn irgendwann war die Kneipe leer, und alle waren sie fortgegangen, denn irgendwann wird jeder Film langweilig. Der Junge mit seinem Besen war gekommen, und wir sollten gehen, hatte er gesagt, denn es hätte doch keinen Sinn mehr. Wir sollten gehen, und so gingen wir durch die Tür, und plötzlich war dort eine Sonne, die schnitt ärger als jedes ehrliche Wort, so daß wir uns umdrehten, und jede in eine andere Richtung lief, nur fort voneinander, fort und nicht mit ansehen müssen, wie wir häßlich wurden im Licht.

NEW YORK CITY. 1987.

by Darius James

New York City. 1987. Vazac's Horseshoe Bar. East 7th Street and Avenue B. The American medium of television provided me with my first real impression of Kreuzeberg.

At the time, I was living on the Lower Eastside of Manhattan, crashing on the sofa of a heroin-addicted nursery school teacher who rented a large, two-bedroom apartment in the Jacob Riis housing project on Avenue D. Her name was Tina. She was not a Latina. She was an Anglo from upstate New York.

Several persons addicted to heroin lived in her apartment. Norman, Buddy, Tim, Evelyn (RIP) and Emily. As everyone had jobs, and could support their habits (except, maybe Emily and Evelyn), I was not addicted to heroin because I did not have a job. I just lived there.

If you've never been to the Lower Eastside, or visited any of the multitude of ghettos across the U.S., and don't know what a housing project is (or "the 'jects" as they are called by the many who live in them), housing projects were designed for low-to-no income families. They look like Lego™ kits assembled by retards. They are huge and anonymous units constructed out of cinderblocks or bricks with interior hallways painted a putrid institutional green, garishly lit by overhead fluorescents.

They all look the same. And they all look like prisons. The poor are required to live in homes designed by the 'mental-challenged'. It makes no difference if you are in New York, New Orleans or Boston, the sense of place remains the same.

The ethnic flavor may differ – say Black or Puerto Rican (Jacob Riis was Puerto Rican) – but the cultural and ethnic distinctions are overridden by the corrupt reality of impoverishment[1]. In fact, the ethnic and economic makeup of the people who occupy 'housing projects' are the same as the ethnic and economic makeup of people who occupy prisons.

Though the Puerto Ricans had the heroin trade locked down on the Lower Eastside, giving the area its aura of 'danger', with its ridiculously long lines queued up at dope houses on E. 3rd, E. 8th or the laundrymat on E. 7th, and its mass police sweeps of suspected dealers and buyers, the influx of so-called 'artists' had also given the area an 'aura' of glamour with its after-hours clubs and performance spaces. This brought in the young, moneyed wall street types with not only the extra cash to spend on their coke and heroin addictions, they even had enough left over to support the vices of parasitic bohemians like myself – dinner, drugs, cigarettes, whatever. I had to do no more than talk bullshit and be entertaining. That's why I was able situated my ass on a bar stool and drink for hours on end without a dime in my pocket.

My senses were swimming in a fine froth of domestic beer vom fass when the television set above the bar broadcast a news report about a squatter's riot in Berlin. Bottles, police and squatters dodged in and out of the clouds of tear gas fogging the television screen. An off-screen reporter solemnly intoned:

"Dangerous German radicals who read complicated Marxist texts and have a long history of not only taking over buildings – *but actually live in them without paying rent* – clashed with police near the Berlin wall last night...."

It was love at first sight.

As far as I was concerned, in my beer-blurred stupor, the American left was dead. I had come of age in the nineteen seventies. And I'd watched the FBI break the backs of both The Black Panther Party and the anti-war movement. The Panthers were either dead, in jail or strung out on crack. The anti-war hippies abandoned the idealism of a just fight (that included not only an end to war but social and economic justice for all), moved to Vermont and turned into bean sprouts. What remained were the artificial constructs of 'politically correct' Academia and the hypocrisies of a corporate-sponsored liberal press (i.e., *The Village Voice*).

Having cut my teeth at demonstrations in support of imprisoned Black Panther members, with numerous failed attempts to raise the 'political consciousness' of my high school classmates, I had felt very alone for years.

But, while watching the television screen in Vazac's that night, an old fire rose from cold embers.

"*Them's my peoples! I likes them!*" I said to the uncaring drunkards at the bar.

There were people left in the world, I thought, who still felt the fervor of the old heroes like Che and Uncle Ho Chi Minh. And they seemed to be living right there in Berlin. That's where I want to live I decided.

Then, realizing I didn't have a dime to my name, I drank another beer and forgot about it ...

---

[1]When I landed in Yugoslavia in the fall of '86 for my first visit to Europe since 1963, I rode a bus through the outskirts of Belgrade. You can imagine my surprise when I saw mile after mile of institutional housing, thinking it looked just like the housing project I'd just left. The really chilling part was

the absence of music – no Tito Puente or Ray Charles or Curtis Mayfield. And no people. Just darkness and desolation. The entire country, it seemed to me in that moment, looked like Chicago's notorious Cabrini Green projects – the setting of Clive Barker's "Candyman" horror franchise.

DIE STELLUNG KREUZBERGS IM UNIVERSUM
von Stefan Wirner

Warum leben wir in Kreuzberg? Die Antwort muss lauten: Weil wir zu Kreuzberg passen. Leben, wie wir es von Kreuzberg her kennen, könnte in anderen Stadtteilen Berlins nur unter künstlichen Bedingungen existieren. Kreuzberg besitzt die richtige Temperatur, die richtige Atmosphäre, einen großen Wasservorrat und ein Klima, das schon seit sehr langer Zeit stabil ist.

Weit und klar wölbte sich der Himmel über den ersten Hochkulturen zwischen Kottbusser Tor und Halleschem Ufer, und schon in diesen frühen Tagen Kreuzbergs wurden seine Menschen beobachtet. Das unwillkürliche Betrachten Kreuzbergs musste zum Kennenlernen einfachster Erscheinungen, ihres zeitlichen Ablaufs und ihrer regelmäßigen Wiederkehr führen.

Leben entwickelte sich in unserem Stadtteil nur langsam, wie wir durch Untersuchungen von Fossilien wissen. Unsere mehr oder weniger lückenlosen Funde zeigen, dass es mehrere große Auslöschungen gegeben hat.

Woher wissen wir überhaupt etwas von den Anfängen Kreuzbergs? Keineswegs aus Flugblatttexten oder Berlin-Büchern. Die Sache ist leider viel komplizierter. Die Hilfswerkzeuge des Kreuzberg-Forschers sind nicht Brille und Staublappen des Antiquars, sondern Hacke und Spaten des Archäologen, der in mühsamer Arbeit kulturgeschichtliche

Funde zutage fördert, von denen nur ein winziger Bruchteil auch Aussagen über Kreuzberg enthält.

Es macht keinen Sinn danach zu fragen, wer diese elementaren Tatsachen entdeckt hat und wann dies geschah. Schon das statistische Material ist verblüffend genug. Das Vorhandensein solcher Kenntnisse wird man gewiss auch noch nicht als Anzeichen dafür deuten, dass es seit Anbeginn der Geschichte von Kreuzberg eine Wissenschaft von Kreuzberg gegeben hat.

Die durch die Domestikation von Tieren und den Anbau von Pflanzen ausgelöste Entwicklung der Produktivkräfte brachte nicht nur erhebliche Veränderungen der gesellschaftlichen Struktur mit sich. Diese neue Situation spiegelte sich unübersehbar bereits in den Riten und Gebräuchen der Kreuzberger wider: Fruchtbarkeitszeremonien, Maifestspiele und Erntefeste beherrschen das Brauchtum. Die allmähliche Ausbreitung der Arbeitslosigkeit um den Spreewaldplatz dürfte zu durchgreifenden Änderungen geführt haben. In letzter Instanz waren es sozialökonomische Veränderungen, die die Wissenschaft von Kreuzberg überhaupt erst möglich gemacht haben.

Auf den zufälligen Besucher wirkt Kreuzberg oft düster und eintönig. Auf dem mageren und lichthungrigen Asphalt Kreuzbergs wachsen nur wenige Blumen. Die wirkliche Schönheit des Stadtteils liegt anderswo. Hat der Forscher sich erst einmal an Kreuzberg gewöhnt, dann zeigt auch das düstere Innere eine gewisse Schönheit. Die Kreuzberger verstehen es, vielfältige kulturelle Einflüsse aufzunehmen, sie zu verarbeiten und zu einer eigenständigen Kultur zu entwickeln. Bei allen Unterschieden, was Speisezettel und Essgewohnheiten anbelangt: Döner und Schultheiss fehlen nirgendwo. Hoch oben auf den sonnenbeschienenen Balkonen und Hausdächern wachsen Orchideen und andere Blütenpflanzen. Partys, sofern dies das richtige Wort ist, gehören zu den wichtigsten gesellschaftlichen Unternehmungen der Kreuzberger. Die Partygäste erscheinen in zeremonieller Kleidung, meist völlig in schwarz. Die Männer behängen ihren Körper mit allerlei Schmuck aus allen Weltgegenden, die Frauen tragen so genannte Hasskappen und Lederbänder indianischen Ursprungs. Die Kreuzberger nehmen sowohl Alkohol als auch halluzinogene Drogen zu sich. Will man die Lebensformen der Kreuzberger verstehen, muss man diesen rituellen, durch den Gebrauch halluzinogener Drogen noch gesteigerten gesellschaftlichen Veranstaltungen ein weiteres Element zuordnen – die Straßenschlacht. Gegen Ende ihrer Sommerfeste attackieren die Kreuzberger ihre Ordnungshüter. Man mag das als abstoßend empfinden, aber die Zeremonie hat etwas überaus Rührendes und ist nicht im mindesten widerwärtig oder unhygienisch. Jeder lebende Kreuzberger ist das seinen Vorfahren schuldig, damit ihr Geist frei wird.

Auch Kreuzberg kann nicht ewig existieren. Vielleicht wird es die Lebensform der Kreuzberger schon bald nicht mehr geben. Je weiter die Germanisierung fortschreitet, desto mehr werden die Kreuzberger von ihrem angestammten Land vertrieben, entwurzelt und bedrängt. Aber glücklicherweise gibt es keinen akuten Grund zur Sorge. Die Krise wird erst in einigen Jahren über uns hereinbrechen, und es ist vermutlich richtig, wenn wir davon ausgehen, dass die größte Gefahr für den Bestand Kreuzbergs von uns selbst ausgeht.

Das Problem besteht darin, dass die Kreuzberger nicht definieren können, was „Arbeit" bedeutet. In ihrer Sprache gibt es dafür kein Wort. Selbst wenn man einen Zaun um Kreuzberg herum errichtete, würde das Leben innerhalb dieses Zauns völlig ohne gesellschaftliche Arbeit vonstatten gehen. Ganz gleich, wie gut man ihn bewachte (und vermutlich würde er nicht sonderlich gut bewacht werden).

Vom Standpunkt der Kreuzberger aus gesehen, wäre es das Beste gewesen, wenn die Germanen nie in Kreuzberg eingedrungen wären. Aber sie sind eingedrungen, und damit ist es Pflicht jeder Regierung von Kreuzberg, den Kreuzbergern beim Hinübergleiten in eine neue Kultur so viel Schutz wie möglich zu gewähren.

In der Zwischenzeit könnte die Menschheit von den Kreuzbergern eine Menge lernen. Sie haben, unvorstellbaren Schwierigkeiten zum Trotz, in dieser Welt überlebt, und einige ihrer Techniken sind noch heute unübertroffen. Falls die Menschheit ihrer Umwelt eines Tages nicht mehr Herr wird, könnte sie vielleicht bedauern, dass sie nicht zu ihnen ging, um zu lernen und nicht nur zu lehren, um ihnen nicht nur eine Kultur aufzuzwingen, sondern auch von der ihren zu profitieren.

Es war für mich eine große Ehre, dass ich gebeten wurde, einen Beitrag zu einem so außergewöhnlichen und lebenswichtigen Buch zu schreiben. Das Buch, das Sie jetzt in

Händen halten, erläutert Kreuzbergs Platz auf diesem Planeten und den Schaden, den wir uns selbst zufügen, bietet jedoch keine weitere düstere Untergangsvision, sondern zeigt uns, wie wir unsere Lebensweise verändern können, um zu überleben.

Vielleicht hätte man dieses Buch vor zwanzig Jahren noch nicht schreiben können, da bis vor kurzem unsere Einstellung zu Kreuzberg in hohem Maße überheblich, selbstzufrieden und einfältig war. Weit davon entfernt, die wesentlichen Antworten zu kennen, sind wir uns noch nicht einmal sicher, wie die richtigen Fragen lauten. Zu einem großen Teil stellt Kreuzberg eine Ressource dar, die sich selbst stets erneuert. Wenn wir verständig mit Kreuzberg umgehen, bietet es uns unendlich viele Schätze. Kreuzberg ist unsere Welt, doch wir müssen rasch lernen, es mit Respekt und Dankbarkeit zu behandeln. Hoffentlich tun wir dies, bevor es zu spät ist und wir erkennen müssen, dass wir Blattläusen gleichen, die sich auf einem verkohlten Stück Holz vermehren.

HUNDELIEBE

von Sarah Schmidt

Wie jeder Kreuzberger hatte auch ich mal einen Hund. Kaum war ich 18, beschaffte ich mir einen eigenen Köter. Ein Hund ist das Kreuzberger Pferd. Zumindest in der Deutung junger Mädchen. Kaum eine Kreuzbergerin kann ein Pferd ihr eigen nennen, obwohl der gemeine Gaul für die geistige Entwicklung der Mädchen immens wichtig ist. Also nehmen wir als Ersatz die Hunde.

Hunde beschützen einen, sind kuschlig und klug noch dazu. Dachte ich! Meiner war eine Mischung aus Jagdhund und irgendwas anderem. Seinen Stammbaum konnte man immerhin zwei Generationen im Kreuzberger Hausbesetzerdschungel zurückverfolgen. Ich besuchte Freunde, die gerade Hundebabys hatten, und ich mußte ja auch niemanden mehr um Erlaubnis fragen, denn ich war 18 Jahre alt und konnte ganz alleine und sehr spontan entscheiden: Ja – der da soll es sein.

Ich habe ein weiches Herz und deshalb war der hässlichste Hund aus dem Wurf fortan mein Hundebaby.

So ein Hund bietet ein breites Feld für verschiedene soziale Versuchsreihen. Man kann für ihn sorgen, an ihm Erziehungsmethoden ausprobieren, ihn auch anschreien, wie die Straßenpunks es gerne mit ihren Kötern machen. „Sid, Arschloch und Pogo hierher, ich hab gesagt hierher, aber sooofort!!!"

Man kann seine eigenen Pflegebedürfnisse ausleben, ihn kämmen und waschen und füttern. Leider wußte ich, als ich mir Tonja zulegte, Tonja wie Ronja Räubertochter, noch nicht, dass alle diese Bedürfnisse bei mir nur schwach ausgeprägt sind. Auch wußte ich nicht, das Jagdhunde für ihre besondere Einfältigkeit berühmt sind und sich nicht mehr als drei Anweisungen merken können.

Die ersten drei Befehle, die ich ihm beibrachte, waren relativ sinnlos. „Mach die Queen" hieß, er konnte mit der Pfote winken. „Fang den Hund" brachte Tonja dazu, wie bescheuert nach dem eigenen Schwanz zu schnappen, „Zeig den Pawlow" schließlich ließ ihm den Geifer aus dem Maul laufen.

Danach ging in sein Erbsenhirn nichts mehr rein. „Hierher!" „Platz!" oder „Sitz!", also all die Befehle, die ein stressfreies Zusammenleben von Hund und Mensch garantieren sollen, lernte er nie, und so tat er, was er wollte.

Und das war hauptsächlich Beine ficken. Das ist auf Dauer nicht schön, immer so ein Vieh am Schienbein hängen zu haben. Tonja war außerdem der Hund mit den dicksten Eiern in Kreuzberg. Und er zeigte sie gerne! Lag immer breitbeinig auf dem Rücken und zeigte seine dicken Dinger. Ich hab mir dann ein Baby zugelegt, Tonjas Leben fand immer mehr außerhalb der Wohnung statt und irgendwann kam er nicht mehr nach Hause. Ich war sooo erleichtert. Natürlich hab ich trotzdem noch das Tierheim angerufen und ihn als vermisst gemeldet und Zettel aufgehangen und so. Aber glücklicherweise blieb er verschwunden.

1. ALLE IN KREUZBERG SIND TÜRKEN.

2. ALLE IN KREUZBERG SIND JUNKIES.

3. ALLE IN KREUZBERG SIND CHAOTEN.

4. ALLE IN KREUZBERG SIND EMANZEN.

5. ALLE IN KREUZBERG SIND ANGEBER.

6. ALLE IN KREUZBERG TRINKEN BIER.

FISCHBÜRO
von Christiane Rösinger

Es war ein so warmer Spätsommerabend, daß Dimitri kurzerhand die Ikeaklappstühle und die neuesten Sperrmüllfundstücke vor die Tür stellte.

Das Fischbüro war jetzt schon zwei Jahre alt und bestand nicht nur aus einer Ladenwohnung mit zwei Schaufenstern links und rechts der Eingangstür, sondern auch aus einem eingetragenen Verein, dessen Statuten besagten, daß man „Konsumenten zu Produzenten" machen wollte. Es gab Vorträge über das Paarungsverhalten beim Stichling, eine Partnervermittlung, Walzertanzkurse, Modenschauen für Herr und Hund, die ersten Houseparties im Luftschutzkeller und sprechende Audiokleider.

Jeden Samstag war geöffnet, jeden Donnerstag Krisensitzung. War kein Programm vorhanden, stellte man Robert Lembkes heiteres Beruferaten mit allen Kandidaten von Annette von Arentin bishin zum Ratefuchs Guido nach oder eröffnete mit Hilfe eines Plastik-Kinderroulettes eine illegale Spielhölle im Hinterzimmer. Am P.U.L.T (Prozessor unglaublich lustiger Tumulte) lasen frühreife Teenager aus ihren Tagebüchern, eine kaufmännische Angestellte kombinierte gerne frivole Bürolyrik mit Wasserglaskonzerten. Gar zu oft schnallte sich der Klangforscher vom Lausitzer Platz seine seltsamen Gerätschaften um, wanderte im Büro umher und erzeugte Stunden andauernde Soundcollagen. Manchmal passierte auch gar nichts, getrunken wurde immer. Das Büro war auf jeden Fall ein schöner Familienersatz und Kreuzberg das Ende der Welt.

Die verschlafene Köpenicker Straße, die kaum ein Auto befuhr, endete an der Mauer. Ab und zu sorgte eine spezielle Freitodvariante für kurzzeitige Medienpräsenz und Aufregung. Es gab nämlich die Idee lebensmüder, männlicher Jungberliner den tiefergelegten Wagen auf der breiten Geraden stark zu beschleunigen und mit hoher Geschwindigkeit gegen die bunten Männchen an der Mauer zu prallen.

Aber davon abgesehen verstrich die Zeit sehr langsam und das Westberliner Publikum war für jede Unterhaltung dankbar.

Abends verabschiedeten sich am Rentnerübergang der Oberbaumbrücke die Omas unter den Augen der gelangweilten Grenzer, verzweifelte Makler versuchten mit Slogans wie „gute Lage im Herzen Kreuzbergs" ihre seit Jahrzehnten leerstehenden Ladenwohnungen zu vermieten.

Zum Ausgehen fuhr man nach Schöneberg, nach einer Nacht im Ex und Pop stolperte man sonntags betäubt über den Matschflohmarkt am Potsdamer Platz. Im Sommer gab es Ausflüge an den Flughafensee oder, die kleine Lösung, ins Prinzenbad.

In Berlin zu wohnen war für alle zugezogenen Provinzler – echte Berliner gab es nur bei der Polizei, BVG oder beim Arbeitsamt – ein selbstgezimmertes Adelsprädikat. Grundsätzlich verdoppelte man die Berlinjahre, um besser dazustehen. An Weihnachten fuhr man nicht nach „Karlsruhe" oder „nach Hause", sondern, wie man in einem Nebensatz etwas verächtlich hinnuschelte, nach „Westdeutschland".

Voll die Achtziger würde man heute sagen.

An jenem Donnerstag wehte ein wehmütiger warmer Wind durch die schlappe Baumkronenallee und trug von dort aus den kitschigen Sommergeruch der Linden durch die ausgestorbene Straße, selten fuhr ein Auto langsam vorbei.

Aus dem „Traber 90" an der Ecke gondelte ein Lotterpärchen schwungvoll auf die Straße, singend bewegten sie sich in gewagten Schwenks hart an der Gehwegkante entlang an der Krisensitzung vorbei, und lächelten friedlich rauschversunken den jungen Leuten wohlwollend zu.

Udo und Karl saßen schon am runden Tisch vor dem Büro, Protokollantin Claudia hielt den Notizblock parat. Udo kümmerte sich um den theoretischen Überbau des Fischbüros, er hatte sich durch seine Fragebögen und Begriffserfindungen wie F.U.R.Y (Futuristisches Rückwärtsyoga) L.A.S.S.I.E. (Libertäre Assoziation sämtlicher sexueller Ideen und Erfahrungen), sowie M.A.M.A. (manisches Agieren mit Allem) einen Namen gemacht.

Der schon ältere Karl hingegen hatte das ganze Fischbüro eines Samstagabends mit seinem Vortrag über die Beweisbarkeit von Zeitreisen schwer beeindruckt, wobei gesagt werden muß, daß Physik, Paraphysik sowie Grenzwissenschaftliches im Fischbüro allgemein überbewertet wurde, zumal die kritische Urteilskraft des Vereins durch das Nichtvorhandensein der rudimentärsten physikalischen Grundkenntnisse etwas geschwächt war. Aber auch im Praktischen hatte Karl sich nützlich gemacht, Lautsprecherboxen repariert, durchgeknallte Sicherungen im Warmwasserboiler ausgewechselt und so seinen Ruf als Physiker gefestigt.

Bei ihm in der Görlitzer Straße wohnte auch Mister Bovali, ein vornehmer älterer Herr aus Ghana, der oft vorbeikam, immer gerne fegen wollte und manchmal unvermittelt niederkniete, um zu beten.

Der Vorstand war nun fast vollzählig.

Hinter der Ladentür kauerte David noch am Boden und tackerte wie schon seit Wochen Aluminiumplatten fest. Diese Auslegeware sollte sich später als Fluch erweisen, weil noch Wochen nach einer umstrittenen Blutperformance übelriechendes altes Rinderblut unter den festgetackerten Platten hervorquoll. Auch er kam jetzt heraus und die Sitzung konnte beginnen.

Es ging um die geplante Zeitschrift „Fischecho", um Senatsgelder, um eine „Fischfabrik" auf dem brachliegenden Gelände des Görlitzer Bahnhofs und darum, ob die Gruppe Barking Fish, die immer auftreten und die keiner mehr hören wollte, am Samstag im Keller spielen sollte. Wenn ja, waren dann 5 DM Eintritt gerechtfertigt?

Die Kassenwartin sprach das leidige Thema des Schnapsschwunds an. Jede Woche wurde für Hunderte von Mark Alkohol gekauft, der samstags zur Finanzierung des Büros ausgeschenkt werden sollte. Aber montags war immer nur eine halbe Flasche Tequila übrig, und der Kassenumsatz schockierend gering. Alle tippten innerlich auf David und seine Kumpanen als Schadensversursacher, aber keiner sagte etwas und er natürlich auch nicht.

Stumm und teilnahmslos kritzelte er seine schwarzen Figuren mit spitzen Kappen ohne Gesichter in sein Notizbuch und schrieb wie immer: „Was wollen die Phantome?" darüber.

Er galt als einsam-schwieriges Künstlergenie, man bewunderte seine Bilder, er genoß großes Ansehen und damit Immunität. So wurde das Haushaltsdefizit jede Woche auf's

Neue als eine Naturkatastrophe seufzend hingenommen.

Karl und Dimitri stritten sich derweil um die Timothy Leary-Bänder; der große Drogenphilosoph war in Berlin gewesen, Agenten hatten ihn ins Fischbüro geschleust und dort ein Gespräch aufgezeichnet. Jetzt ging es um die Verwertungsrechte. Karls Gesichtsausdruck war ins Dämonische transzendiert, zuerst wollte er unbedingt 800 Mark für die Bänder, dann fuchtelte er mit einem Hunderter herum, den er jetzt in wütender Großzügigkeit dem Fischbüro spenden wollte. Dimitri versuchte abzulenken und ging hastig zum Tagesordnungspunkt „nicht funktionierender Putzdienst" über.

Da kam plötzlich eine aufgelöst wirkende ältere Frau mit zerzauster Ex-Dauerwelle aus der Pfuelstraße auf die Krisensitzung zu. Ihr gemütliches Körpergebirge war durch mehrere übereinander getragene Schürzen verschnürt, die gummibestrumpften Beine fußten in den einst weißen nun dreckgefärbten Gesundheitsschuhen eines billigen Birkenstocknachbaus. Am Handgelenk hing eine große, offenbar schwere, blauweiße Aldiplastiktüte. Heulend blieb sie vor der Krisensitzung stehen, zog die Rotze hoch, schluckte, beruhigte sich ein bißchen, schneuzte sich, holte Luft, schniefte noch mal kurz, um dann mit zwar weinerlicher, doch auch fester Stimme zu fragen: „Habt ihr einen Spaten für mich?"

„Wir haben nur Beck's" riefen zwei Fischbüroler, „wollen Sie eins?" (Als erfahrene Gastronomen hatten sie mit „Spaten" natürlich eine Pilssorte assoziiert.)

Darauf brach die Frau in haltloses Weinen und Schluchzen aus, hob, einer griechischen Tragödienfigur gleich, anklagend die große schwere Plastiktüte hoch, und von einem

Heulkrampf geschüttelt rief sie aus: „Ich kann ihn doch nach all den Jahren nicht in die Mülltonne werfen."

Das Fischbüro erstarrte in entsetztem Schweigen. Nach einigen Schrecksekunden wagte die Kassenwartin einen vorsichtigen Blick in die Tüte: Jäh ragten ihr vier steife, schwarzbehaarte Katzenbeine entgegen, der dazugehörige Körper schien sehr groß zu sein, er füllte den Boden und bis zwei Drittel der Tüte prall aus.

Ekel vor dem Tütenkadaver, dummes Lachen und Erkennen der dramatischen Situation mischten sich.

Man begann mit der Suche nach einem Grabegerät, holte der Frau einen Klappstuhl aus dem Büro und bot ihr einen Schnaps auf den Schreck hin an. Bei diesem Angebot hellte sich ihr Gesicht erstaunlich schnell auf, dankbar trank sie routiniert hintereinander mehrere weiße Tequilas auf ex und schien den tragischen Katzentod fast vergessen zu haben, bis jemand mit einer Schaufel aus der Bürotür kam.

Da war es mit ihrer Fassung vorbei, sie stand mühsam auf, und schleppte sich gramgebeugt mit Tüte und Schaufel zum Hinterhof des Hauses.

In ihrer Abwesenheit besprach man das Ereignis, und als sie ernst und gefaßt zurück kam, nach mehr Schnaps verlangte, sitzen blieb, und sich wie selbstverständlich in die Krisensitzung integrierte, nahm sich besonders Karl ihrer an.

Zuerst bot er ihr die strittigen 100 DM für einmal Büroputzen an, Minuten später hatte er sie schon eigenmächtig als Putzfrau eingestellt, aber bevor Vorstand und Kassenwartin protestieren konnten, hatte sich das Blatt schon wieder gewendet: „Du geldgierige Sau", schrie Karl plötzlich:

„Hau bloß ab".

Merkwürdig unberührt faltete die Frau die nun leere Plastiktüte zusammen und steckte sie in ihre Schürzentasche, nahm eine halbleere Schachtel Zigaretten an sich, trank im Stehen einen letzten Schnaps und schlurfte wieder um die Ecke in die Pfuelstraße.

In den Wochen darauf kam sie noch einige Male vorbei, dann verlor man sich aus den Augen.

Das Fischbüro konzentrierte sich auf einen kommerziellen Ableger, das „Fischlabor" in Schöneberg, und gab den Laden in der Köpenicker Straße schließlich auf. Dort zog später ein „Schleckermarkt" ein.

Fast alle wurden später berühmt, gründeten Plattenfirmen, Technoclubs, Comicverlage oder Bands, vermarkteten die Loveparade, wurden Kulturredakteure und Redenschreiber.

Aber von Karl hörte man nichts mehr, die Wohnung in der Görlitzer Straße brannte eines Tages vollkommen aus. Mister Bovali hingegen ist erst Pfarrer geworden und hat dann aus der Not der Wohnungslosigkeit heraus Telefon-Reiki erfunden und in Kreuzberg eingeführt.

HANS GEORG UND DIE WIRTSCHAFTSVERBRECHER
von Sonja Fahrenhorst

(...)

Na, ich hab total viel Bilder, das ist ja das Schwierige. Ich hab' einmal, was weiß ich, die besoffenen Alkis, die ich hier aus dem Laden getragen habe, als ich noch Zweibeiner war, die Manteuffelstrasse hier, und zum ersten Mai immer Auftakt und so was, aber das find ich alles so langweilig. Und dann eben mit Bolle, wo dann der Polizeibeamte hier vorbeikommt, 20 Jahre später, nee, 15 Jahre später und sagt er hat 'n Auge auf mich. Und er will mir hier im Laden nicht genehmigen, dass ich da Sachen ausstelle und draußen aufhänge, weil er als brennende Fackel rumgelaufen ist, am ersten Mai am Görlitzer Bahnhof, und ich ja wohl dafür verantwortlich bin und er mich auch gesehen hat, als er da mit Molotow-Cocktails getroffen wurde und dann halt gebrannt hat, und er sich deshalb auch 'ne Spezialausbildung nimmt, er kurz weg ist, aber sich auf jeden Fall weiter um meinen Laden kümmert, so dass ich auch viele Schwierigkeiten habe.

Und ja. Oder zum Beispiel, ah, ja. Das ist ne schöne Geschichte, das ist richtig Kreuzberg-typisch und hat alle Themen drinnen. Hach, ja. Jetzt fällt mir eine ein. Und zwar: die Manteuffel 99 ist das älteste Haus in der Manteuffelstraße. 1848 erbaut von einer Bäckereifamilie, die dann irgendwann dieses Haus Leuten gegeben hat, die es als Wohngemeinschaftsprojekt machen wollten und hier dann viele Durchbrüche gemacht haben. Leider konnte die Bäckerfamilie es ihnen aber nicht verkaufen, weil die kein Geld hatten, und dann hat es halt den Eigentümer gewechselt. Und da kam ich aus meinem geräumtem besetzten Haus aus dem Kunst-und Kultur-Zentrum-Kreuzberg hierein und hatte dann auch schon gleich meine erste Razzia, bevor ich hier richtig Mieter war. Und zwar wegen angeblicher Raubdrucke. Ich war der Chef der Raubdruckerszene nach Polizeiermittlungen, die Lummer und Diepgen angestrengt hatten, weil, ganz grob gesagt, gegen sie 1984 im Schmiergeldskandal ermittelt wurde. Die Sonderpolizeikommission, durch SPD-Polizeibeamte gefördert, war interessiert daran, dass der CDU-Senat stürzt und der Skandal nachgewiesen werden konnte, dass da auch Diepgen mit drinnen steckt. Diepgen und Lummer sagten plötzlich auf den Buchmessen in Frankfurt, und auch hier in Berlin, vor den Buchhändlern: „Das Wirtschaftsverbrechen über Millionen hohe Sachbeträge sind die Raubdrucke."

Und ich war der „Chef der Raubdrucker" und plötzlich wurde drei Monate lang ermittelt. Diepgen und Lummer haben dann erreicht, dass in der *Zeit* und der *Welt* gesagt wurde, dass die Linksextremisten, womit ich gemeint war, ihre ganzen Krawalle und so weiter durch Raubdrucke finanzieren. Das waren dann Texte der RAF, vermischt mit anderen politischen Büchern eben, zur Anarchismus-Bewegung, die Texte des zweiten Juni usw., die finanziert wurden über „Momo" und die „Unendliche Geschichte" von Michael Ende und durch andere Bestseller der damaligen Zeit, und die wurden überall verkauft in Kneipen und auf der Strasse und so. Das Archiv, was ich hatte, war, nach Diepgens und Lummers Pressearbeit, für alle Krawalle der Vergangenheit zuständig, weil da zu lesen war, wie man Spuren liest, wie man gegen Verhörmethoden angeht, wie gefahndet wird, wie man Schlösser aufbricht und wie man eben Sprengsätze macht bzw. auch Zünder, dass eben nicht gleich 100 Leute in die Luft gehen. Die öffentlich erhältlichen Sprengmittelbücher, die es in jeder Fachbibliothek gibt, sind ja nur unter klaren wissenschaftlich-reinen Bedingungen zu handhaben und das wissen die Laien nicht und das heißt, diese Bücher haben schon ziemlich viele Tote erzeugt, und deshalb hab ich diese kleinen Sprengmittelsachen auch veröffentlicht, wo die Leute dann selber bestimmen konnten was wie passiert. (....) Ich bin dann ein Jahr später verurteilt worden zu neun Monaten á 200 Mark, also 1800 Mark Geldstrafe, weil die Sachen gefunden wurden, aber sie konnten mir nicht zugeordnet werden.

Es war ein Kellerverschlag, in dem für 20-30.000 Mark Raubdrucke drinnen waren, aber sie konnten mir nicht zugeordnet werden. Ich wurde zwar gesehen, wie ich in das Haus ging, auch mit Kisten, aber es war nicht klar herauszufinden, ob in den Kisten auch das drin war. Wegen den 400 Schlüsseln, die ich als Zeitungszusteller der *Berliner Morgenpost* und des *Tagesspiegel* von 1977-1980, bekommen habe, um die Schlösser zu öffnen, wo die Verlage keine Schlüssel zu hatten, war ich quasi Schlossöffner. Und da haben sie die Schlüssel probiert und haben dann bei Gericht rausgefunden, das der eine Schlüssel, der zuerst scheinbar gepasst hat, gar nicht für das Schloss an sich gepasst hat, sondern nur reinpasste, aber nicht zum Aufschließen und Abschließen war, sondern, dass das Schloss für Leute, die es wussten, eh immer offen war. Und somit war Ware für 30.000

Mark mir nicht zuordnungsfähig und dadurch konnte ich dafür nicht bestraft werden. Und dann ging's nur noch um die Aussage, dass einer gesagt hatte, ich hätte von ihm Ware gekriegt und hätte die genommen, und dafür habe ich dann die Geldstrafe über 9 Monate bekommen.

(....)

Das bedeutet, dass hier halt der neue Hauseigentümer, ein Ex-Olympiaschwimmer, es geschafft hat das Ehepaar so unter Druck zu setzen, dass es aufgegeben hat, nachdem wir schon bei vier Hauseigentümern geschafft haben, dass es drinnen bleibt, trotz der Mieterhöhungsdrohungen. Dann haben die mit 60 dann irgendwann keine Lust mehr gehabt und meinten sie geben auf. Dann war der Laden leer, und dann sollte er für die vierfache Miete verkauft werden. Also hab' ich die Stelltafeln angebracht, wo über den Hauseigentümer informiert wurde, dass er auch in Prenzlauerberg, Pappelallee und auch hier am Lausitzer Platz auf 100qm dreißig Flüchtlinge unterbringt, ohne Strom und Wasser, von fünf verschiedenen Sozialämtern finanziert. Also ein richtig schöner Wirtschaftsverbrecher. Und er es über die jugoslawische Mafia organisiert hat, dass immer Serben und Kroaten, die in Jugoslawien waren, dann eben gegen viel Geld einen sicheren Platz hier zum Wohnen, ohne Strom und Wasser, auf 100 qm zu dreißigst am Lausitzer Platz 1 und in der Pappelallee, kriegen. (.....) hab die dann hingestellt, vor den Laden, jeden Morgen, dass die niemand kaufen soll von einem Hauseigentümer, der solche Sachen macht, und das hat auch geklappt. Das heißt, die Leute, die ihn schon vorzeitig gemacht haben, haben den Vertrag schnell gekündigt mit dem Hauseigentümer und haben den

Laden nicht gemietet und gepachtet. Dann kam der Hauseigentümer mit Jaguar und sah, ich bin im Rollstuhl, ich konnte damals ja noch nicht richtig laufen, und stand da an der Tür, als er mit Polizeimannschaftswagen ankam. Der Polizeimannschaftswagen ist dann weg, man musste ihn ja nicht mehr schützen, ich war ja drinnen und er war ja draußen. Dann hat er sich die Stelltafeln genommen, hat eine zerkloppt, in seinen Jaguar geschafft und nicht mit mir gerechnet. Ich stand an der Tür, sah was er machte, brüllte die Strasse zusammen. Aus allen Fenstern guckten die Leute: „Nu, was ist?", weil ich ja eine Megaphonstimme habe, und hatten daraufhin alle lüstern, die ganzen Türkenkids und so weiter, alle lüstern den Jaguar umstellt, um daraus eben was anderes zu machen. Eben eine Schrottlimousine. Und daraufhin kam dann plötzlich nicht mehr Polizeimannschaftswagen, sondern lauter kleine Polizeiwännchen, und haben dann für die Eskalation gesorgt. Und dann hab ich aber dem Hauseigentümer die Strafanzeige erspart, dass er Eigentum von der Mietergemeinschaft, was hier an dem Laden dran lehnte, zerstört und beschädigt hat, und hab auf eine Anzeige verzichtet. Er ist dann gegangen, nachdem mir die zerstörte Stelltafel und die anderen fünf Stelltafeln, die darüber berichtet hatten, wie er seinen Wohlstand am Elend anderer nährt, was in der *Berliner Morgenpost* und in der Abendschau auch groß rüberkam, mir diese Stelltafeln dann wieder persönlich überreicht. Und daraufhin wurde der Jaguar von der Gefahr entlassen, von der Umstellung, und konnte mit dem Hauseigentümer wegfahren. Und nach dieser Aktion hab ich dann drei Wochen später eine Durchsuchung gekriegt, weil ich angeblich Klasse gegen

Klasse vertrete, dass ich also in ganz Berlin dafür verantwortlich bin, dass ständig die Luxuslimousinen von Hauseigentümern und von prominenten Leuten verschrottet werden, und gleichzeitig auch veranlasse, dass ständig Spekulanten von anderen Häusern geoutet werden und persönliche Briefe kriegen, bis nach München und sonst wohin, und Angst haben weiter die Häuser zu behalten, und sie lieber verkaufen und den Leuten überlassen, die drinnen wohnen. Dass ich dafür verantwortlich wäre. Und so wurde speziell eine Anschlagserklärung gesucht von Klasse gegen Klasse, die ich angeblich als Sprecher von Klasse gegen Klasse hier hergestellt und veröffentlicht hätte, und die wurde nicht gefunden.

(...)

Fünf Hauseigentümer haben hier gewechselt und der eine Hauseigentümer hat dann auch 'ne Durchsuchung bekommen, weil der hatte nämlich einen Brandanschlag erlitten, mit zwei Porsche, die verloren wurden. Er hatte aber nicht nur zwei Porsche, er hatte drei Porsche. Er hat mich persönlich zu sich in seine Villa geladen und gemeint: „Wann kommt der nächste dran?" Und das hieß, dass er noch 'nen dritten Porsche hatte. Der meinte, die haben ihm alle gar nicht gehört. Und daraufhin war die Durchsuchung deshalb einmal hier, die er veranlasst hat, gegen mich wegen seiner Porsche, die flambiert waren von einer autonomen Gruppe, und gleichzeitig war aber das Finanzamt auch bei ihm fündig geworden, dass er unterschlagen hat, dass er drei Porsche hat und damit hat er die Geschäftsgewalt verloren. Ich hab ihm auch erfolgreich Hausverbot erteilt, ein Jahr lang konnte er hier oben keinen

Dachgeschossausbau machen, weil er nicht im Grundbuch eingetragen war und als er es dann konnte, dann war er plötzlich vom Finanzamt geoutet, und dann hat die Baufirma, die diese Zettel gelesen hat, was er alles ist und was er macht, ihm auch die Arbeit gekündigt, und dann hat er sechs Jahre lang den Dachgeschossausbau nicht machen können. Und dann ist aber alles am Ende zusammengebrochen, nach den sechs Jahren, als er wieder die Geschäfte tätigen konnte, haben die Restleute hier im Haus, die Hausgemeinschaften, immer 10.000 DM für jeden Auszug gekriegt und er hat die Hausgemeinschaft dadurch zerstören können. Und jetzt hat er die Wohnungen für den drei bis vierfachen Preis pro Wohnung eben verkaufen können.

Eine Geschichte der Umstrukturierung aus Kreuzberg, Interview vom November 2001. Hans Georg ist Revolutionskrämer in der Manteuffelstraße 99

ICK FIND BLUT JUT

von Leonhard Lorek

Nach null Uhr hieß es: den 19er Nachtbus von der Zossener aus nehmen, dann am Hermannplatz umsteigen und mit dem N44 in die Manteuffelstraße. Von dort aus waren es keine hundert Meter mehr bis zum Café Anal, in der Muskauer, damals. Nachts dauerte das mit den Bussen knapp zwanzig Minuten, von der Zossener aus. Und wenn Armin nachts ins Anal wollte, dann war das seine Standardstrecke. Den Tag über ging es mit der U-Bahn nicht ganz so schnell.

Er war knapp dran, diesmal, und das, obwohl er sich sicher sein konnte, dass es im Anal später losging als angekündigt, und zwar immer; manchmal sogar Stunden später. Termin: Time Tunnel Live Show. Draußen nieselte es. Das Wasser fiel nicht vom Himmel herab, es stand in der Luft. Kalt und klamm. Als er am Hermannplatz aus dem 19er ausstieg, drängten sich die Leute, die dort auf den 44er warteten, in den Toreinfahrten und Hauseingängen. Platz war nirgendwo. Prima Weihnachten. Für die wenigen Minuten bis zum nächsten Bus lohnte es sich nicht mehr zu McDonalds zu gehen. Also blieb er direkt an der Haltestelle stehen, klappte den Kragen hoch und zog den Kopf ein.

Mitte der 90er gehörte das Café Anal zu den abgefahrensten Läden in Berlin. Oft haben Namen oder Bezeichnungen die Eigenschaft, von ihrer ursprünglichen

Bedeutung abzudriften. Wahrscheinlich nennt man Namen, die sich verselbständigen, deshalb auch Eigennamen. Beim Anal war es jedenfalls so. Sogar die vielen kleinen Ärsche, die dort seriell an eine Wand gestempelt waren, wurden mit der Zeit nur noch als eine Art ausgebleichte Leopardenfelltapete wahrgenommen. Tinnef, Blech, eine morbide Bausubstanz und ständig wechselnde Dekorationen bestimmten die Atmosphäre im Café. Und billig war's dort; vor allem, wenn man die Leute hinterm Tresen kannte. Armin kannte sie. Im Sommer war es im Anal dunkel und kühl und im Winter dunkel und kalt, viel zu kalt. Aber in den Vileda-Wischtüchern am Tresen entwickelte sich selbst um diese Jahreszeit noch hin und wieder neues Leben. Die Baguettes hießen Bagetten und der Kuchen war hausgemacht und schmeckte ausgezeichnet, so lange man nicht wusste, dass er auch als Köder in den Mausefallen in der Küche auslag. In der Küche gab es viele Mausefallen. Das, was die Lesben im Laden gebaut hatten, stand, solide. Die Schwulen arbeiteten mit Tesafilm, Tackerklammern und Stecknadeln, was beim Platznehmen gelegentlich Schmerzen bereitete, denn auf diese Art wurden im Anal auch die Stühle repariert. Damals gab es in Berlin drei Läden mit einer krassen, dreisten und unverwechselbaren Musikmischung. Selbstgesampelte Tapes prägten den Stil im Kumpelnest in Tiergarten, bei Geierwallys an der Weißenseeer Spitze und im Anal in Kreuzberg 36. Das Team im Anal hieß Kollektiv und dieses versuchte sich jeden Tag auf's neue zwischen Ambition, Kollaps, Verzweiflung, Improvisation und Aufwand zu orientieren. Zwischen denselben Koordinaten war die Time Tunnel Live Show angesiedelt, zusammengehalten allein durch die extraordinäre Moderation von Renate Wanda de la Gosse. Der zweite Star der Show war Elvira Westwärts, und das gleich von Anfang an. Andere Heldinnen und Helden der Time Tunnel Live Show, wie Steffi Stoßmich, Micha Dubach, Marcus, Lilo oder Hans, der zu egal welchem Thema immer wieder düster und entschlossen irgend etwas von Joachim Witt anschleppte, was sich mit der Zeit ungewollt zum Running Gag entwickelte, hatten bald ihre eigenen Fans im Publikum platziert. Die Show lebte auch davon, dass sie mit vielen Gästen aufwarten konnte. Rowenta Kondilom und die postkommunistischen Arschgeigen hieß die Hauskapelle im Café; mittlerweile figuriert die Combo im Bigbandformat unter dem Namen Turbo Royal als multisexuelle Tanzkapelle im SO36. Es ist unwahrscheinlich, dass jemals jemand darauf gekommen wäre, die Time Tunnel Live Show eine Travestie-Show zu nennen. Für die Performances im Anal gab es Themen wie „Minnegesang" oder „Festival des politischen Liedes" oder, wie in dieser Nacht: „Religiöse Gesänge". Im Übrigen war das Café kein Abschnappuniversum; baggern ging in der O-Straße viel besser, und bis dort hin waren es vom Anal aus grad mal vierhundert Meter.

Als der N44 am Hermannplatz hielt, war Armin der erste, der einsteigen konnte. Die anderen mussten erst aus den Toreinfahrten raus. Der Busfahrer kontrollierte sein Ticket überaus aufmerksam und anschließend starrte er ihn an. Er starrte Armin genau so an, wie er zuvor das Ticket angestarrt hatte: überaus aufmerksam. Armin verspürte manchmal eine leichte Affinität zum prolligen, das heißt: er hielt prollige Typen gelegentlich für attraktiv, so als Erscheinung, nicht als Zustand. Und in eben dieses Raster passte der Busfahrer hinein: klein, kompakt, mit einem ausgewachsenen Hausbesetzerblond auf dem Kopf, was zu der Zeit schon gar nicht mehr gefragt war.

„Alles klar?" fragte Armin.

„Na, wennde meinst", reagierte der Busfahrer, um einiges zu barsch, und rollte mit den Augen. Armin setzte kurzerhand ein Rückzugsgrinsen auf, das konnte er gut. Hinter ihm drängten die Leute in den Bus und einige drückten sich bereits an ihm vorbei und der Busfahrer plärrte: „Kommse mal zurück. Und ihren Fahrausweis bitte sehr." Also ging Armin in den Bus hinein, bis ganz nach hinten, setzte sich, drückte die Knie gegen die Oberkante des Sitzes vor ihm und knöpfte seine klamme Jacke auf.

„Lothar", quietschte es da auf einmal durch den Bus, „Lothar, du hast doch meinen Fahrschein." Eine Frau, etwas wacklig auf den Beinen, kam auf Armin zu. Im ersten Moment dachte Armin, Sunshine wäre im Bus.

Sunshine war damals berühmt. Die Frau im Bus war ähnlich dünn wie Sunshine und sie hatte ebenso dunkle und ebenso lange Haare. Und sie schwankte. Aber sie guckte nicht grimmig. Sunshine hingegen guckte immer grimmig, in etwa so wie Bert in der Sesamstraße. Und so selbstverständlich wie Bert in die Sesamstraße gehörte, gehörte Sunshine damals zur O-Straße; wenn auch aus anderen Gründen. Sunshine war in der O-Straße so etwas wie ein Star. „Lothar, guck doch mal, wo du mein Ticket hast". Clever, dachte Armin, so etwas geht also zusammen: Cleverness und Speed, also Speed war das zumindest. Er war beeindruckt.

„Ja, Schatz", antwortete er halblaut, und ärgerte sich, dass ihm in diesem Moment kein Frauenname einfallen wollte, der fies genug war, sich umgehend für „Lothar" zu rächen. Armin holte den Schein aus dem Portemonnaie und reichte ihn der Frau. Sie drängelte sich durch die nachrückenden Passagiere wieder zum Busfahrer vor, hielt ihm das Ticket vor die Nase und wurde dabei auch noch laut: „Bitte sehr. Hab ich doch gesagt." Dann kam sie zurück, setzte sich neben Armin und gab ihm den Fahrschein wieder. Umstandslos legte sie ihren Kopf auf seine Schulter und sagte: „Das werde ich dir nie vergessen". Armin empfand ihr Versprechen zuallererst als eine Drohung. Als eine sehr vordergründige Drohung. Er räusperte sich: „Das meinst du jetzt aber nicht ernst." Er bemerkte, dass ihre Haare nicht bloß vom Nieselregen her nass waren. Sie musste sie grad erst gewaschen haben, denn auf seiner Schulter roch es nach Aprikosenshampoo. Armin konnte kokett sein. Und Armin konnte soziophobisch sein. Aber in wenigen Minuten würde der Bus in der Manteuffelstraße halten und er würde aussteigen können; darum machte er auch keine Anstalten, die Frau dazu zu bewegen, ihren Kopf woanders hinzutun.

„Nein. Das meine ich nicht ernst. Aber du hast cool reagiert, Mann. Nicht übel."

„Aha", sagte Armin, „danke. Und dazugelernt hab ich auch was. Sag mal, machst Du so was öfter?"

„Wie, öfter?" Sie nahm ihren Kopf von seiner Schulter. „Wie meinst du das?"

„Weißt du, ich muss jetzt gleich wieder raus", zuckte Armin zurück. Er wollte sich um eine Antwort drücken. „Wo willst du denn eigentlich hin?" Nicht dass Armin an der Information interessiert gewesen wäre, aber für die paar Minuten im Bus wollte er ihr gegenüber zumindest den Anschein von Höflichkeit bewahren. Solche Frauen konnten gefährlich werden. Das kannte er.

„Zum Nollendorfplatz."

„Zum Nollendorfplatz, mit dem 44er Nachtbus?"

„Wieso 44er?" fragte sie, offensichtlich erstaunt.

„Weil ich hier im 44er sitze; also sitzt du auch im 44er. Du hättest in den 19er einsteigen müssen, wenn du zum Nollendorfplatz willst."

„Wie?"

„Vor dem Bus in dem wir jetzt sitzen, stand der 19er. Vorher, am Hermannplatz. Und du, du sitzt im falschen Bus."

„Au Scheiße!" sie riss ihre Augen ganz weit auf, wobei sie den Mund zusammenpresste.

„Pass mal auf", setzte Armin zur Beruhigung an, „du steigst jetzt mit mir aus, ich schenke dir mein Ticket, das gilt noch anderthalb Stunden, und damit kommst du dann bis zum Nollendorfplatz, irgendwie." Sie nickte, mehrmals. Als der Bus in der Manteuffelstraße hielt, stiegen sie gemeinsam aus, Armin drückte ihr seinen Fahrschein in die Hand und wollte sich davonmachen.

„Kannst du nicht noch warten, bis der Bus in die andere Richtung kommt?" fragte sie.

„Nein, tut mir leid, geht nicht. Ich will zu einer Show und die beginnt gleich."

„Wo, zu einer Show?"

„Gleich hier. Um die Ecke. Rechts."

„Oh, da kann ich doch mitkommen", sagte sie und lief hinter ihm her. Jetzt fiel ihm wieder auf, wie wackelig sie auf den Beinen war.

„Aber das kostet Eintritt", versuchte Armin sie abzuwimmeln. „Und so viel Geld hab ich nicht dabei, um dich einzuladen." Sie waren in die Muskauer eingebogen und die Frau konnte nun sehen, was sich auf der anderen Seite der Straße abspielte. Vor dem Anal stand eine Menge Leute im Nieselwetter. In Zivil wie im Fummel. Die Show hatte also noch nicht begonnen.

„Aha. Ist ja ganz schön was los bei euch", bemerkte die Frau in einem Tonfall, der wohl eingeschnappt klingen sollte, und blieb dann stehen. Sie schien den Laden zu kennen.

„Ja, ist ganz schön was los bei uns", echote Armin, „und außerdem gibt's bei uns auch nicht Drogen, außer Alkohol eben. Na ja, vielleicht könntest du irgendwo ein bisschen Dope abgreifen."

„Ja, ist ja gut. Du hast doch gesagt, dass ich mit aussteigen soll." Sie sagte es und drehte sich dabei um. Im Weggehen rief sie dann: „Mach dir mal noch einen schönen Abend. Süßer."

„Mach ich", antwortete Armin und überquerte die Straße.

Drin, im Café, brodelte es. Die Luft konnte man in Scheiben schneiden, sie war satt vom Zigarettenrauch und feucht von der nassen Kleidung der Gäste, schwer und schwül. Aus den Boxen kamen Dub-untersetzte gregorianische Choräle. Rave-Pentatonik, mit ordentlich Hall drauf; es war total voll und darum auch warm wie selten. „Gästeliste. Armin", sagte er am Einlass und bekam einen Elefanten in die Innenhand gestempelt. Er beeilte sich so weit wie möglich ins Café hinein zu kommen, bis hin zu der Stelle am Tresen, wo die Klappe zum Durchgang war. Sein Bier bekam er schnell und über die Köpfe anderer Gäste hinweg gereicht. Dann sah sich Armin nach dem nächstbesten bekannten Gesicht um. Von dort, wo das Aquarium mit den vier halbwüchsigen Karpfen stand, winkte ihm jemand zu. Roman. Roman war damals noch schwul. Damals hat Roman auch Alkohol getrunken. Heute ist er Methodist und außerdem soll er noch auf eine ganz andere Art konvertiert sein, heißt es.

„Du bist aber spät dran", begrüßte ihn Roman.

„Wieso spät dran? Hier hat doch noch gar nichts angefangen."

„Das ist schon die Pause, mein Lieber." Roman klickte seine Bierflasche gegen das Bier, das Armin sich gerade geholt hatte.

„Nein, ist nicht wahr." In Armin kam Ärger auf. Kaum war er angekommen, ärgerte er sich. Dabei war er bestimmt nicht hergekommen, um sich zu ärgern. „Roman, sag dass ich nichts verpasst hab. Wie wars denn so?"

„Geil. Richtig geil. Renate kam als Aranka Aranka aus Moabit auf die Bühne." Roman sprach Moabit auf die Art aus, wie man Maoam beim Gähnen spricht. „Schamanin mit ganz zotteligen Haaren", er deutete mit der Hand, die er nicht für die Bierflasche brauchte, einen wirren Haarturm über seinem Kopf an, „in rot, die hat da zwei Dutts aufeinander gepinnt, und sie hatte so alte Pelzmäntel an, von Humana."

„Nein, aus dem Rotkreuzcontainer. Die holt ihre Teile

immer aus dem Rotkreuzcontainer", korrigierte Armin.

„Na ja, jedenfalls schleppte sie sich in den Pelzmänteln auf die Bühne, überhaupt nicht im Fummel, und machte ein Playback zu diesem einen Stück, wo Kronos Quartet mit den mongolischen Mönchen rummachen. Kennst du. So Omm-Zeugs mit Streichquartett und tiefen Männerstimmen; total süß und ganz ommerig."

„Jetzt hat sie aber wieder Fummel an, oder?" Armins Ärger hielt an. Er kippte Bier in seinen Körper, und zwar achtlos und schnell. Renate Wanda de la Gosse war eine Großmeisterin des Vollplaybacks. Elvira Westwärts konnte singen. Renate konnte Vollplayback. Wenn es überhaupt etwas gab, was als authentische Schwulenkultur durchgehen konnte, dann war es das Vollplayback in der Perfektion von Tunten. Und Renate war perfekt. Er hatte also wirklich etwas verpasst, und dann noch eine Nummer, die für das anwesende Petshop Boys-Publikum bestimmt eine Zumutung gewesen sein muss.

„Na ja, jedenfalls waren die Leute von vornherein gut drauf." Anscheinend bereitete es Roman ein Vergnügen, seine Berichterstattung in dieser Form fortzusetzen.

„Ja, Schwule sind ein dankbares Publikum."

„Du kannst gleich noch mehr sauer sein, denn Marcus hat da auch was von Max Goldt gemacht. ‚Gedanken zweier Königskinder auf Schleichwegen zum Christentum', mit so zwei Handpuppen, die aus Topflappen gemacht waren, also aus diesen dicken Handschuhen, wo bloß der Daumen dran ist. Aber nicht als Playback, sondern mit Band. Und auf die Handschuhe waren oben immer zwei rote Christbaumkugeln draufgenäht, so als Augen. Hat er gut gemacht. Wie in der Sesamstraße."

„Klar, so wie der aussieht. Singen kann er aber trotzdem nicht."

„Ja, hat er gut gemacht. Hab ich doch gesagt."

„Roman, weißt du was: erzähl mir das nachher. Ja. Ich ärgere mich jetzt schon genug. Übrigens: Sesamstraße hatte ich heute schon. Wieso haben die denn so früh angefangen?"

„Weil es hier so voll war. Die Leute fingen halt an zu trampeln und da haben die dann angefangen."

„War Hans schon?"

„Ja."

„Joachim Witt?"

„Ja. Aber vielleicht kommt Renate noch mal in ihrem Druidenfummel. Da hast du echt was verpasst."

„Geh doch da mal bitte ein Stück weg", Armin schob Roman zur Seite um in das Aquarium reinschauen zu können. Er wollte das Thema wechseln. „Ich will mal wissen, ob der Flusskrebs noch lebt. Letzte Woche hab ich ihm da Schnecken reingeworfen." Roman rückte vom Aquarium weg, so weit wie es in diesem Gedränge überhaupt möglich war.

Als sich Armin zum Aquarium hin bückte, grubbelte es an seinem Ohr: „Lothar, wo hastn deine Freundin jelassn?". Er sah zur Seite. Neben ihm stand der Busfahrer aus dem N44. Und Armin wusste sofort und ganz genau: den hatte ihm jetzt Gott geschickt. Den bekam er vom Christkind. Er richtete sich auf. Der Typ war die Entschädigung für das Zuspätkommen. Der war jetzt dran. Augenblicklich vergaß Armin den Krebs im Aquarium.

„Wieso bist du denn hier, musst du nicht Bus fahren?" fragte er in dem gleichen Tonfall, den der Busfahrer parat hatte, „musst du nicht Geld verdienen, Frau und Kinder ernähren?"

„Ernähr du erst mal deine Freundin. Die sieht nämlich janz verhungert aus."

Ja, so hatte sich Armin das vorgestellt. Der Kleine würde ihn vollauf entschädigen. „Komm kleiner Mann, wir gehen mal nach da vorn, von hier aus siehst du nämlich nachher nichts von der Show." Armin schnitt dem verdutzten Roman eine Grimasse und begann den Busfahrer durch das Publikum in Richtung Bühne zu bugsieren. Der ließ es willig mit sich geschehen.

„Ja klar müsst ick jetz arbeiten. Aber wenn hier Show is, bin ick imma da. Det krieg ick schon hin."

„Aha. So halbwegs aber bloß. Denn heute haben wir schon nach der Halbzeit. Die waren diesmal nämlich richtig pünktlich", erläuterte Armin die Situation.

„Wie ärgerlich."

„Wem sagst du das."

Sitzplätze waren keine mehr auszumachen, also positionierten sie sich vor dem Mischpult der Tontechnikerin, die Bühne rechts im Blickfeld.

„Sag mal, deine Freundin ...", setzte der Busfahrer an.

„Ja. Die hats schwer", Armin war amüsiert „und grad jetzt, an Weihnachten; das ist jedes Jahr so. Immer."

Dem Thema der Show entsprechend, war auf der Bühne ein Balkengerüst aufgebaut, das obligate eben, etwa zweieinhalb Meter hoch, und mit bunter Christbaumbeleuchtung umwickelt. Aber außer der Beleuchtung am Kreuz war nichts Weihnachtliches auf der Bühne. Keine weitere Dekoration. Lediglich das Equipment der Band stand herum. Armin sah sich im Publikum um und nickte auf den einen oder anderen Blickkontakt hin.

„Det war aber nich deine Freundin, oder?" versuchte es der Busfahrer noch einmal.

„Ja, meinst du denn, ich knutsch mit wildfremden Frauen rum, im Bus? Seh ich so aus?"

„Hab ick ja nich jesehn", der Busfahrer schien irritiert. Armin war es recht. Das Publikum war in Bewegung. Die Tür neben der Bühne ging andauernd auf und zu. Die Leute waren unterwegs zu den Toiletten oder auf dem Rückweg. Dabei kam immer wieder mal ein Durchzug auf, der so erbärmlich kalt war, dass er selbst im überhitzten Anal Gänsehaut verursachte. Die Gäste machten sich einen Spaß daraus, jeden, der in der Tür auftauchte, mit einem „Tür zu" zu begrüßen. Ebenso Renate Wanda de la Gosse, als diese in der Tür stand.

Renate betrat die Bühne ohne Vorwarnung. Selbst die Musik im Café wurde erst abgestellt, als sie bereits dabei war, in das Gebrabbel des herumstehenden Publikums hinein Glaubensgemeinschaften aufzulisten. „Ja, ich bins, hallo. Halleluja übrigens. Ja, es gibt verschiedene Glaubensgemeinschaften und ich möchte da einige nennen: es gibt die Katholiken, dann gibt es die Apostelgemeinde, dann die Evangelischen ..." Die Leute beeilten sich, zu ihren Plätzen zu gelangen. Das Licht im Café wurde gedimmt. Die Scheinwerfer kamen zur Geltung. Die Weihnachtsbaumbeleuchtung am Kreuz blinkte. Renate trug weitmaschige Netzstrumpfhosen über blickdichten fleischfarbenen, ca. 60 DEN. Ein unspektakulärer enger schwarzer Rock reichte bis knapp übers Knie. Das bauchfreie Lurex-Top war farblich irgendwo zwischen Orange, Ocker und gebranntem Siena angesiedelt, um den Hals hatte sie einen Chiffonshawl gelegt, anderthalb Meter in schwarz. „Dann gibt es die Neuapostolischen, dann die vielen Freikirchen, wie die Baptistengemeinde oder die Pfingstla", die „Pfingstler" schwäbelte sie, „oder die Freimaurer." Renate moderierte immer mit einem Block in der Hand, von dem sie ihre Notizen ablas. Zu den Moderationsritualen bei Renate Wanda de la Gosse gehörten auch hin und wieder Referate über ihre Kindheit in der Metzgerei ihrer Eltern, über ihre Mutter, ihre Großmutter, und über ihre Ausbildung zur Fleisch-Fachverkäuferin in Berlin. „Dann gibt es die Methodisten, die Masochisten, die Kommunisten, die Buddhisten, Millionen Hinduisten, Anonyme Alkoholiker, die Sieben Tags Adventisten, die ..."

Sie musste ihren Redefluss unterbrechen, weil auf einmal die Oma auf der Bühne stand. Oma wurde immer mit zwei M gesprochen. Die Oma war ebenso unvermittelt auf der Bühne erschienen, wie zuvor Renate, nur eben aus dem Publikum heraus.

„Irgendwann muss hier auch mal Schluss sein." Sie griff nach Renates Mikrofon.

„Ich bin doch noch gar nicht fertig." Renate wollte ihr den Zugriff verwehren. Die Szene kam echt.

„Das macht mir nichts", entgegnete die Oma mit leiser, ein kleinwenig zitternder Stimme, und nahm ihr das Mikrofon aus der Hand. Oma war Richard. Und Richard war mit daran schuld, dass es das Café Anal überhaupt gab. Erste Generation sozusagen. Die Time Tunnel Shows kamen dann mit der zweiten Generation. Nach dieser zweiten machte sich irgendwann eine dritte daran, den Laden kaputt zu kriegen. Ende der 90er gab es ihn nicht mehr. Richard war es durchaus zuzutrauen, dass er sich seinen Platz in der Show selber suchte, ohne vorher was abzusprechen.

„Ich bin hier ...", setzte die Oma an, und schon gab es die ersten Reaktionen aus dem Publikum; Richard hatte die Leute, im Handumdrehen. Ein Heimspiel. Die Oma war rundlich und trug eine Brille, wie sie die Verkäuferinnen bei Thoben heute noch tragen, die Perücke war aschblond, Kassenmodell AOK, Dauerwelle. „Bei uns in der Alten-Tagesstätte in Wilmersdorf ist dieses schöne Plakat gehangen, wegen heute Abend."

„Bei uns auch! Bei uns auch", mischten etliche aus dem Publikum mit.

„Aber ich glaube, ich bin hier unter Vorspiegelung falscher Tatsachen hingelockt worden. Jedenfalls habe ich was anderes erwartet. Und, der Persianer vom Willem", die Oma zog den Pelzmantel fester um ihren Körper, „also da sind sie hinter mir her gelaufen, hier unten vom Görlitzer Bahnhof, und haben immer ‚Mörderin! Mörderin!' hinter mir her gerufen. Und haben mir hier mit der Spraydose auf den Persianer vom Willem was draufgemacht." Die Oma nahm das Halstuch, was Feines, von Leineweber, beiseite und zeigte auf den Kragen ihres Mantels. Mit einer Stimme, die durchgehend um Festigkeit bemüht schien, sprach sie weiter: „So was hätts früher nich gegeben. Wirklich nich."

Sie sah, den Kopf in stiller Verzweiflung wiegend, ins

Publikum. „Da braucht ihr jetzt gar nicht so zu gucken. Ich glaube, ihr steckt alle unter einer Decke. Aber das nimmt noch ein dickes Ende, wirklich." Die Oma sprach bedächtig. Und dann holte sie aus dem Pelzmantel ein Gesangsbuch hervor. „Dieses Buch hier hat mir sehr viel Kraft gegeben. Und immer wenn ich nich mehr weiter weiß, guck ich rein." Sie löste eine Seitenmarkierung und legte etwas Aufmunterndes in ihren Tonfall. „Dieser Jugendgottesdienst hier war ja bis jetzt ganz nett, aber irgendwann, irgendwann muss dem auch mal ein Ende gesetzt werden. Und wir sollten alle zusammen ein wenig in uns gehn und gemeinsam ein Lied singen. Ich weiß nich, ob ihr das kennt", die Oma räusperte sich, „aber wenn die ersten Worte kommen, wird es euch wieder einfallen. Das hoffe ich. Besonders für dich, Gregor."

Sie blickte, mit einem Ausdruck des Bedauerns im Gesicht, zu jemandem im Publikum. „Das, was du mir vorher gesagt hast, hättest du wirklich nich machen brauchen. Wirklich nich. Du hättest Stillschweigen halten können, und dann wäre gut gewesen." Tatsächlich fuhr Gregor dann auch einige Zeit später für zwei Tage in den Knast ein. Vielleicht wusste er an diesem Abend schon, was ihm blühte, und hatte es der Oma gesteckt.

„Kleine Kinder". Die Oma begann zu singen. Und unterbrach wieder: „Jetzt muss ich erst mal fragen: wer ist hier eigentlich katholisch? Können wir mal die Hand heben?" Vom Publikum kam so gut wie nichts, von ein paar einzelnen Lachern einmal abgesehen. „Das hab ich mir fast gedacht." seufzte die Oma „Diaspora. Ja okay, es is ja auch ein kleines Lied aus der Ökumene." Jetzt kam mehr Gelächter auf. Eine

Heimorgel setzte an. Die Oma winkte ab. „Das lassen wir mal." Die Orgel verstummte und die Oma begann zu singen, a cappella, mit dieser bemüht klingenden, etwas bebenden Stimme, wie sie alten Frauen nun mal eigen ist, wenn sie ergriffen sind.

„Kleine Kinder, alte Leute, gehen noch ..." Abermals unterbrach sie: „Also das ist jetzt ein kleines Lied, das in wenigen einfachen Worten zweitausend Jahre Christentum zusammenfasst. Es ist nur sehr kurz, aber ich denke, das wird euch allen etwas Kraft geben. Besonders dir, Gregor." Und sie sang: „Kleine Kinder, alte Leute, gehen noch zur Kirche heute. Du kannst nur darüber lachen, was die alten Spießer machen. Du bist frei und ohne Not, hast auch Freude ohne Gott. Außerdem ist Gott längst tot. Damals als die Bomben fielen, als die andren besser zielten, glaubten viele noch an Gott, denn sie waren ja in Not. Friede, Nahrung, Frau, Beruf. Denk mal nach, wer alles schuf. Denk mal nach, wer alles schuf." Die Oma blickte sanft. „Gott, er lebt, er ist nicht tot." Tosender Applaus folgte. Die Oma verneigte sich nicht einmal, sie deutete nur kurz ein Nicken an, und schritt von der Bühne, nicht backstage, sondern ins Volk.

Und dann kam wieder Renate. Der Busfahrer stupste Armin an, machte fragende Augen, deutete auf die leere Bierflasche in seiner Hand und zuckte mit den Schultern. Armin reagierte mit einer zustimmenden Kopfbewegung und der Kleine machte sich auf den Weg zum Tresen, was dauern würde, bei dem Gedränge. Renate Wanda de la Gosse trug jetzt golddurchwirkte Kunstseide, das Muster irgendwo zwischen Pfauenaugen und Rauten, quasi Brokat. Ein ärmelloses Kleid.

Ein schlichter Schnitt aus den frühen 60ern. Jackie Kennedy auf Staatsbesuch in Teheran, in etwa.

Sie holte beim Publikum noch einen zweiten Applaus für die Oma heraus, kündigte an, im Laufe des Abends ihr eigenes Glaubensbekenntnis öffentlich ablegen zu wollen, um zunächst aber wieder an der Stelle anzusetzen, an der sie vorher aufgehört hatte. „Tja, ich muss mal auf meinen Zettel schaun. Wo war ich stehen geblieben? Bei den Sieben Tags Adventisten. Ja." Das Publikum pflichtete bei. „Dann gibt es noch die Mormonen, also die Kirche Jesu Christi der Heiligen der letzten Tage, dann die Zeugen Jehova, die Moslems, da haben wir die Sunniten, die Schiiten, die Alleviten, dann die Juden, die Russisch Orthodoxen, die Griechisch Orthodoxen, die Koptischen Christen, die Anglikaner, Presbyterianer, die Armenische Kirche und die Altkatholiken und die Moon Sekte, Hare Krishna, Baghwan, Scientology, etliche Naturreligionen und viele viele mehr, eine endlose Liste. Ja und was haben die alle gemeinsam, nicht wahr, schau ich mal auf meinem Zettel nach", sie stand die ganze Zeit mit abgespreizter Zigarette in der Hand da, von der sie hin und wieder einen Zug nahm, „tja, das ist so ziemlich gleich bei vielen Religionsgemeinschaften und Sekten. Ja. Gleich ist, dass sie alle einen hierarchischen Aufbau haben, nicht wahr, und dass sie also die Unterwerfung fordern, ja, und ihre Jünger oder Gläubigen in Abhängigkeit halten." Renate lispelte ein wenig, was für die Performance sehr von Vorteil war. „... und dass sich das Individuum den Bedürfnissen der Gruppe unterzuordnen hat und, natürlich, da ist die unzeitgemäße Kleidung, sie kennen das alle. In der katholischen Kirche trägt man gern Mustang-Jeans und Acrylpullunder. Und allen gemeinsam ist natürlich auch das rettende Prinzip. Wenn man also so einer Gemeinde angehört, gehört man zur geretteten Familie. Und natürlich gibt es auch den rettenden Meister. Und so ein rettender Meister ist ein Guru oder Messias. Und zum Thema Meister jetzt auch spontan unser nächster Beitrag. Seit vierhundert Jahren in den katholischen Charts: ‚O Haupt voll Blut und Wunden'." Renate zog an ihrer Zigarette: „‚O Haupt voll Blut und Wunden' mit Elvira Westwärts und Patrick!"

Das Publikum wusste, was es zu erwarten hatte; ein heftiger Begrüßungsapplaus brach los, unterstützt durch etliche Begeisterungskiekser. Das Licht ging aus. Eine pathetische Hochamtorgel setzte ein, gestört durch erste nervöse Sampels, und als der Spot aufleuchtete, umrahmte dieser auf der Bühne eine Pieta in Lack, Latex und Leder. Das würde ein Halbplayback geben, wegen Elvira. Elvira konnte singen.

Armin sah nach dem Busfahrer, aber der war noch nicht zurück. Das Bier hätte er jetzt gut brauchen können.

Elvira Westwärts saß auf einem Stuhl, in einer eng anliegenden schwarzen Weste aus geschmeidigem Leder, die Frisur wie Patty Smith vor der Morgentoilette, eine lange weiße Perlenkette um den Hals, an den Unterarmen Ozelotstulpen. Schwarze Stulpenstiefel. Viel schwarz auch an Patrick, der mit dem Bauch nach oben über ihrem Schoß lag. Patrick: eine Tom of Finland-Applikation ohne Anabolika. Alles Leder und Lack, offene Uniform, ohne Mütze, mit einem kurzen gelben Iro auf dem Kopf. Aus der Orgelouvertüre heraus begannen Bässe zu treiben. Und dann kam Elviras Einsatz: „O Haupt voll Blut und Wunden, voll Schmerz und voller Hohn, o Haupt, zum Spott gebunden mit einer Dornenkron, o Haupt sonst schön gekrönet mit höchster Ehr und Zier, jetzt aber frech verhöhnet: gegrüßet seist du mir." Sie stand gelassen auf, Patricks Körper rutschte von ihrem Schoß. Elvira trug einen engen Minirock, ebenfalls schwarz, ebenfalls Leder. Die katholische Zentralhymne war als laszives Dancefloorstück mit SM-Vogueing angelegt; die Performance konnte sich sehen lassen. Der Text passte millimetergenau. „Die Farbe deiner Wangen, der roten Lippen Pracht ist hin und ganz vergangen; des blassen Todes Macht hat alles hingenommen, hat alles hingerafft, und so bist du gekommen von deines Leibes Kraft." Patrick hatte ein nietenbestücktes Hundeband um den Hals gelegt. Er verharrte auf allen Vieren mit gesenktem Kopf. Elvira Westwärts war beinahe so groß wie Renate Wanda de la Gosse, aber wenn Patrick sich aufrichtete, überragte er sie um einen halben Kopf. Der brachte gut einsneunzig auf die Bühne. „Was du, Herr, hast erduldet, ist alles meine Last; ich, ich hab es verschuldet, was du getragen hast. Schau her, hier steh ich Armer, der Zorn verdienet hat; gib mir, o mein Erbarmer, den Anblick deiner Gnad." Elvira sang ein bisschen erzählend, stoisch. Das Playback war ungewöhnlich aufwendig gemacht, mit viel nach vorn losgehendem perkussivem Kram und allerhand neckischem Schnickschnack; die Musik ging gut in die Beine. „Ich will hier bei dir stehen, verachte mich doch nicht; von dir will ich nicht gehen, wenn dir dein Herze bricht; wenn dein Haupt wird erblassen im letzten Todesstoß, alsdann will ich dich fassen in meinem

Arm und Schoß." Elvira zog Patricks Gesicht, ihren Mittelfinger im Leinenring seines Halsbands, an ihren Stiefeln hoch, über ihren Rock zum Bauch hin und dann immer weiter nach oben, um ihn schließlich in der größtmöglichen körperlichen Distanz, die die kleine Bühne zuließ, abzustellen. Im Playback jaulte eine E-Gitarre auf und wimmerte viele Takte lang Heavy Metal. Patricks Profil hatte durchaus etwas von einem römischen Legionär, der in einem Gemälde von Caravaggio zur Wache kommandiert worden war. Für ein solches Personal hätte der Typ dem Meister eine kantigere Vorlage liefern können als die Originale. „Es dient zu meinen Freuden und tut mir herzlich wohl, wenn ich in deinem Leiden, mein Heil, mich finden soll. Ach gib, dass ich mich halte zu dir und deiner Treu und wenn ich einst erkalte, in dir mein Ende sei." Patrick ließ seine Lederjacke von den Schultern gleiten und stand in einem löchrigen Shirt aus ziemlich verwittertem Stoff da; Elvira zog das Teil von seinem Oberkörper, fetzenweise. Renate betrat die Bühne in einem kurzärmeligen schwarzen Lurexkleid im Empirestil, ein breites Perlencollier um den Hals, dazu passende Ohrgehänge, ebenfalls Perlen, ebenfalls weiß. Und ums Handgelenk dann noch mal das Gleiche. Perlen waren an diesem Abend sehr angesagt. Sie sah aus wie die junge Cher mit kurzen Haaren: zerrupfter 60er-Jahre-Bob. Renate Wanda de la Gosse spendete Weihrauch, wie es Ministranten zu tun pflegen, zuerst um Elvira und Patrick herum, und dann im Publikum. Das Weihrauchfass war aus der Verschlusskappe einer Propangasflasche gebaut, mit drangeschweißten Ketten zum Herumschwenken; der Weihrauch darin war echt. Es gab

Szenenapplaus. Der Auftritt bediente Dominabedürfnisse, Deathmetalphantasien, Oper und Trash in einem, das Playback hatte etwas von dickbusiger Walkürenmusik mit Drum'n'Bass-Deko, Electric Ballroom-tauglich. Alles ging gut in den Bauch, alles ging gut in die Beine, das Publikum swingte leicht in der Hüfte und die Leute, die Sitzplätze hatten, wackelten mit den Oberschenkeln. „Wenn mir am allerbängsten wird um das Herze sein, so reiß mich aus den Ängsten kraft deiner Angst und Pein. Da will ich nach dir blicken, da will ich glaubensvoll dich fest an mein Herz drücken. Wer so stirbt, der stirbt wohl." Patrick war auf den Knien. Elvira stand davor, die Hand gebieterisch am gelben Iro, und hatte sein Gesicht zwischen ihren Schenkeln; in den Minirock gedrückt. Das Leder spannte. Und Patricks nackter bleicher Rücken leuchtete ins Publikum. Zwischen dem schwarzen Leder vom Halsband und dem Leder der Hosen: ein Torso für sich allein. Nur Schweiß fehlte. In das Echo eines „Gloria in excelsis Deo" fiel der Applaus ein.

Die Leute waren köstlich amüsiert. Der Beifall hielt an, und zwar ziemlich lange.

Währenddessen kam Renate auf die Bühne zurück, im selben Fummel wie vorher, aber jetzt mit beigem Seidentuch überm Kopf: Gina Lollobrigida bei den Beduinen.

Armin sah sich nach dem Busfahrer um. Dieser stand ganz mucksmäuschenstill neben ihm; mit Tunnelblick, mit hängenden Armen, die beiden Bierflaschen in den Händen. Der Auftritt von Elvira muss gut zehn Minuten gedauert haben, Armin war es gar nicht aufgefallen, dass der Kleine in einer solchen Verfassung neben ihm gestanden hatte. „Hat ganz schön gedauert", sagte Armin und griff nach einer Bierflasche, „dankeschön."

Renate kündigte bereits die nächste Nummer an, eine Originalsequenz Koran, und auf der Bühne erschien ein Mufti und legte eine korrekte Muezzinnummer hin. Armin war erstaunt. Auch über das echt klingende Arabisch. Aber der Busfahrer neben ihm reagierte nicht. Er hatte seinen Tunnelblick und das Bier trank er nicht und er hatte die Arme immer noch hängen. „Ist dir schlecht? Du siehst ganz komisch aus."

Armin ließ seine Finger durch das Besetzerblond auf dem Kopf des Busfahrers fahren. Dieser senkte dabei den Blick. Eine Pose, wie sie Armin aus Walt Disney-Filmen kannte, wenn sich ertappte Eichhörnchen oder Häschen in Grund und Boden schämten. „Gott", dachte er, „was wird denn das jetzt?"

„Komm, lass uns mal rausgehen." Der Busfahrer reagierte nicht. „Wir gehen jetzt hier raus, okay?" sagte Armin und schob den Kleinen vor sich her durch das Gedränge, bis sie schließlich an der Tür waren.

Draußen nieselte es immer noch. Die Luft war erfrischend kühl. Armin nahm dem Kleinen die Bierflasche weg. Dieser ließ es widerspruchslos geschehen. Er stellte seine Flasche an der Hauswand ab. Die des Busfahrers stellte er daneben. Im Anal lief immer noch die Minarettnummer. Der Muezzin machte dabei eine gute Figur und: er sah gar nicht übel aus. Aber: das Anal war kein Baggerladen. Armin suchte nach einer Zigarette.

„Boah", ließ sich da der Busfahrer vernehmen, „war det geil." Er begann Luft aus seinen Backen zu pusten. Und er trat von einem Bein auf's andere. „Die hätte mich übern janzn Kirchenparkett schleifen können."

„Warst du schon mal in einer Kirche? Da gibt es kein Parkett." Armin schüttelte nachsichtig den Kopf.

„Egal, dann übern Steinfußboden. Ganz nackt übern kalten Steinfußboden." Zischend drückte der Kleine die Luft durch die Zähne; den Kopf hielt er weiterhin gesenkt. Armin seufzte; innerlich sträubte sich so gut wie alles in ihm dagegen, den Typen ernst zu nehmen. Er versuchte kurzerhand den Kopf des Busfahrers nach oben zu drücken, um ihm ins Gesicht sehen zu können. Dieser aber hatte eine Nackenstarre geschaltet und behielt den Kopf wie auch den Blick weiterhin gesenkt. Während Armin vergebens an seinem Kopf hantierte, rückte der Kleine ganz nah an ihn heran, und dann schob er seine Hände in Armins Hosentaschen.

„Du bist doch keen Weichei, so wie du aussiehst. Wollnwa nich zu dir? Dann könn wa Kerzen anmachen. Haste Kerzn? Stehste uff Wachs? Du kannst mit mir machn, wat du willst. Ick fand Jesus schon imma geil. Ick find ooch Blut jut."

Jetzt ließ Armin die Luft durch die Zähne fahren. So ein Angebot ereilte ihn zwar nicht zum ersten Mal, aber diese Tour hier kam überraschend direkt. Unverschämt, total. Dabei war doch Weihnachten und nicht Ostern. Armins Springerstiefel, die Adidasjacke, die Bomberjacke, seine einsachtundachtzig, zuzüglich der anderthalb Millimeter natürlichem Rot auf dem Kopf; und dann die blauen Augen: das mochte ja alles ins Klischee passen. Aber jemand, der so weit weg war von Gut und Böse, so einer wie der hier, so einer war ihm noch nicht begegnet. Nein. Niemals. Anfangs meinte Armin bei Offerten dieser Art etwas bedienen zu müssen. Armin war ein netter Kerl. Er hatte es versucht. Schwule leiden schneller, das wusste er und meinte, dass das mit dem Meistersein darum ja auch nicht so schwer sein könnte. Fehlanzeige. Im Meistersein hatte es Armin nie bis zur Meisterschaft gebracht. Nie. Das war nicht sein Metier. Da hatte er zu wenig Ambitionen. Wenn er jetzt versuchen würde, dem Kleinen ernsthaft glaubhaft zu machen, dass er in diesem Habitus, heute Mittag, zwei Straßen weiter, einen Workshop im Röcke nähen gegeben hatte, nur für Mädchen, dann würde der abwinken. Der würde ihm das nicht glauben wollen. Der würde nicht einmal genug staunen, um mal hoch zu gucken. Zu dem Workshop waren ausnahmslos türkische Mädchen gekommen; und die hatten mit seiner Erscheinung kein Problem. Genau so wenig, wie er selbst. Bis jetzt jedenfalls. Armin stellte sich in diesem Moment die Frage, wie wohl die Brüder dieser Mädchen darauf reagieren würden, wenn sie ihn hier so rumstehen sehen würden, mit dem Kleinen. Wahrscheinlich würden sie mit ihm nicht mehr so ohne weiteres Fußball spielen wollen. Sicher war sich Armin dessen nicht, aber wahrscheinlich war es schon. Der Busfahrer hatte inzwischen einen von Armins Oberschenkeln zwischen seine Beine gekriegt. Armin konnte nun nicht mehr umhin, dem Kleinen abzunehmen, dass er es ernst meinte. Denn in seinen Oberschenkel wurde grad ein eindeutiges Profil gedrückt. Armin war überrascht, denn bisher hatte er die Erfahrung gemacht, dass in den Körpern so kleiner Männer nicht genug Blut drin war, etwas dermaßen üppiges, wie das da unten, auch vollständig aufzupumpen, also richtig hart sein zu lassen.

„Ähm, das da in deiner Hose, das ist echt, nehme ich an." Armin nahm seine Hände von Kopf des Busfahrers und ließ sie an seinem eigenen Körper entlang herunterfahren, mit der Absicht, den Oberschenkel möglichst sanft aus der Umklammerung des Busfahrers zu lösen. „Son Zeug macht dich wirklich geil?"

„Ja, wat denkstn du? Denkste, det is schon meine Morgenlatte?" Der Busfahrer schien sich wieder gefangen zu haben. Er nahm seine Hände aus Armins Hosentaschen und rückte ein kleines Stück weiter weg. „Ick steh uff Heteros. Ich steh uff richtje Männer. Und du willst doch ooch, sonst wärste nich hier. Stimmt doch?"

„Los, guck mich mal an", sagte Armin, der schnell die eigenen Hände in seine eigenen Hosentaschen gesteckt hatte. Der Kleine blickte auf. Sein Blick war die reine Willfährigkeit. Eine hundertprozentig reine Willfährigkeit.

„Det is son geilet Lied, det is so schön", sagte er, leise.

„Oh ja, seit vierhundert Jahren in den katholischen Charts. Und immer unter den Top 10 ganz weit oben."

„Det hat se janich alleene jemacht? Det war keen Quatsch? Gloob ick nich. Sowat ham die doch in der Kirche janich: ‚Und so bist du gekommen, von deines Leibes Kraft.'"

„Doch, det ham die. Die Katholen ham sowat", patzte Armin.

„Det is doch voll geiler Porno." Der Busfahrer wiegte seinen Körper im Knick. „Det isn geilet Stück."

„Ja", bestätigte Armin „was meinst du, warum die das

andauernd singen. Seit vierhundert Jahren." Er tänzelte, die Hände in den Hosentaschen, ein Paar Schritte zurück, um mehr Abstand zu dem Willfährigen zu gewinnen und sah sich diesen an. Hm, süß war der schon, wie er so mit hängenden Armen im Nieselregen stand. Aus dem Anal erklang gerade ein schaurig glockenhelles „Ave Maria".

„Wolln wir reingehen?" fragte Armin.

„Ach, lass uns zu dir jehn", setzte der Busfahrer wieder an. „Wir könn ooch zu mir, aber da müssn wa bis Lichtenberg."

Armin verdrehte die Augen, die Hände immer noch in den Hosentaschen. Der Busfahrer setzte auf einmal, ganz unvermittelt, einen eigenartig harten, in die Ferne gerichteten Blick auf. „Du darfst nich, stimmts? Wegen deiner Freundin."

„Ja, so ist es", gab Armin zum Besten, obwohl er sich gar nicht vorstellen konnte, dass der Mann das, was er grad gesagt hatte, auch wirklich ernst meinen konnte. Genau in diesem Moment aber gab es hinter Armin einen heftigen Aufschlag. Armin fuhr herum.

Da lag, das Gesicht nach oben, die Arme breit und die Füße von sich gestreckt, die Frau aus dem 44er Nachtbus.

Sie war auf der nassen Bordsteinkante ausgerutscht, hingefallen und mit dem Kopf aufgeschlagen. Nun lag sie da. Regungslos. Völlig regungslos. Im Anal wollte das „Ave Maria" kein Ende nehmen; „Der Soundtrack zum Film", dachte Armin.

Er starrte die Frau auf dem Kopfsteinpflaster an und dachte das, was der Kleine neben ihm grad flüsterte. „Die is tot."

Armin krampfte sich in die Hand des Busfahrers und beide starrten nach unten.

„Wie in dem Lied." hauchte der Busfahrer. „So wie in dem Lied."

In Armins Schädel begann es zu summen: „Die Farbe deiner Wangen, der roten Lippen Pracht, ist hin und ganz gegangen"; in seinem Schädel summte und brummte es. Grotesk, dachte er, da fällt die Frau aus dem Bus vor dem Anal um und ist tot und er muss sich kümmern und in seinem Kopf funktionierte bloß ein fürchterlich dummes Lied. „Des blassen Todes Macht hat alles hingenommen, hat alles hingerafft", Armin staunte über sich selbst und darüber, dass ihm einfiel, dass es ihm eigentlich vor sich selbst schaudern sollte, weil sein ästhetisches Empfinden grad den Genitiv im Text monierte und den Fehlreim. „Macht hat hingerafft. Des blassen Todes." Er bemerkte, dass er immer noch die Hand des Busfahrers fest hielt und im Anal andauernd „Zugabe" gerufen wurde, weil das „Ave Maria" zu Ende war. Armin kam es kurz in den Sinn, dass er sich ja daneben legen könnte. Einfach ebenfalls tot sein. Dann brauchte er wenigstens nichts zu tun.

Das war alles zu viel auf ein Mal. Und zu schnell. Außerdem hatte die Frau auch noch eine Figur wie Kate Moss. Wie Jesus also. Das durfte nicht wahr sein. Als Armin sich schließlich aufraffte, sich zu der Frau hinunter zu bücken, zuckte diese. Der Busfahrer ließ Armins Hand sofort los und sagte „Ick jeh dann mal rin."

„Ja. Mach das", erwiderte Armin, „Mach das mal, ich kümmer mich schon." Er ging in die Knie und dachte: „Pieta. Das ist alles ein Film. Das ist alles nicht wahr." Armin schob seine Hand unter den Kopf der Frau. Und da war kein Blut. Da war überhaupt nichts warm und nichts nass. „Nicht zu fassen."

ging es Armin durch den Kopf. Die Frau schlug die Augen auf, zappelte etwas mit ihren Armen und begann damit, ungelenke Versuche anzustellen sich wieder aufzurichten.

„Geht's dir gut?" fragte Armin, aufrichtig besorgt.

„Wieso nicht?", die Frau entwand sich Armins helfendem Griff. „Wie ist denn eure Show so?" Als sie auf den Beinen war, wackelte sie wieder ein wenig, so wie zuvor im Bus.

„O ja. Ja", erwiderte Armin. „Und wie wars am Nollendorfplatz?"

„Siehst du doch", antwortete die Frau. „Danke für den Fahrschein. Kommst du mit rein?" fragte sie; drin, im Café, begannen wohl gleich die Zugaben, denn der Applaus ebbte ab.

„Ja, ich rauch bloß noch eine Zigarette hier draußen."

„Willst du eine haben?" fragte sie und fing an fahrig in ihrer Handtasche zu kramen.

„Ich hab schon, danke." Armin hielt seine Zigarettenschachtel hoch.

„Na dann." Sie wankte zur Cafétür, riss diese auf und stürzte hinein.

Die Tür ging langsam wieder zu.

„Heftig", dachte Armin, „richtig heftig." Die „Haupt voll Blut und Wunden"-Nummer wollte in seinem Kopf nicht aufhören. Er betrat das Anal durch den Seiteneingang vom Hausflur der Muskauer 15 aus. Ein wenig musste er die Tür schieben, um die Leute dazu zu bewegen, Platz zu machen. Auf der Bühne war der Showdown im vollen Gange. Armin sah sich überhaupt nicht mehr um, er klemmte bloß seine Jacke untern Arm und verließ das Anal, schnurstracks, wieder durch den Seiteneingang. Draußen standen noch die beiden ungeöffneten Bierflaschen an der Hauswand. Armin steckte beide ein.

Als er schließlich wieder im 44er Nachtbus saß, drückte er Luft durch die Zähne, so wie es der Busfahrer vor dem Anal getan hatte. Gegen die „Haupt voll Blut und Wunden"-Schleife in seinem Kopf versuchte er mit „Stille Nacht" anzukommen, aber es klappte nicht. Prima Weihnachten. Eh der Bus am Hermannplatz ankam, hatte Armin den Entschluss gefasst, sein Outfit zu ändern, und zwar radikal und sofort. Und während der fünf Minuten bis zur Zossener war er so weit sich vorzunehmen, einen Erste-Hilfe-Kurs zu belegen.

Das mit dem Erste-Hilfe-Kurs klappte dann zwar nicht, aber das mit dem neuen Habitus schon. Und Busfahren wurde für Armin billiger, damals, auf der Strecke N44. Der Fahrer rollte jedes Mal mit den Augen und Armin fragte jedes Mal: „Alles klar?", und jedes Mal winkte ihn der Kleine durch. Ansonsten jedoch behielt dieser seine rüde Tour den Fahrgästen gegenüber bei.

Wenn sich aber männliche Personen nach dem Einsteigen vorn beim Fahrer länger aufhielten als nötig, sah Armin hin. Er sah genau hin. Er wollte wissen, wie ein richtiger Meister aussieht, oder zumindest aussehen könnte. Wenn er durch die Busscheibe ins Dunkle guckte, sah er durch sein Spiegelbild hindurch. Und egal wie er dreinschaute, eines wusste er ganz genau: so sieht kein Meister aus. Ein Meister sieht so nicht aus.

BONN - KREUZBERG

von Jürgen Kiontke

Als Kreuzberg noch so etwas wie das Synonym für Berlin war – zumindest für ein paar kleine Schüler eines Bonner Gymnasiums, war es der große Traum: nach Kreuzberg ziehen. Da gab's die Typen, die vor dem Bund abgehauen waren: Mann, mit 17 wohnten die in Kreuzberg. Und die erzählten die schrägsten Dinge: Arbeite bei Grieneisen als Leichenwäscher, 50 Mark pro Stunde, überall Hardcore-Autonome, Null Sperrstunde, ich hab 'ne Wohnung, die kostet 100 Mark Miete für 90 Quadratmeter.

Und du wohnst noch bei den Eltern auf sechs.

Wir hatten Schiss vor der großen Stadt, dem Umzug. Den lebten wir dann an den Neu-Berlinern aus, wenn sie auf Besuch waren: Na jetzt, wo der in Kreuzberg wohnt, ist der aber arrogant geworden. Scheiß Berliner. Das tat der Kreuzberg-Bewunderung allerdings auch wieder keinen Abbruch: Das wäre doch ein Lebenstraum, dorthin ziehen, den großen Mann markieren. Aber, wie gesagt.

Stattdessen kamen wir zu Besuch. Das erste Mal auf Klassenfahrt nach Berlin, zehnte Klasse, 1980 mit Mathelehrer Lomen, der später Schulkind Netti heiratete. Da saßen wir dann irgendwo in 61 im Reisebus, und die Stadtführerin meinte, na guckense mal da hinten, da ham die Terroristen den Peter Lorenz über der Tür im Kabuff eingesperrt. Da, im dritten Hinterhof, ja genau.

Die Kreuzberger glotzten uns derweil doof an. Kann man

auch verstehen. Wir wohnten in der Pension Central, die brannte später ab.

Das Abitur kam, und die Jahrgangsstufe verflüchtigte sich. Dann fing ich auch noch an, in Bonn zu studieren, so ein Scheiß. Aber in Berlin gab's ja Freunde, Thomas zum Beispiel, Luft- und Raumfahrttechniker an der TU. Der zog sich verrückt an; aus der Chemieindustrie hatte er sich bunte Röhren besorgt und um die Schuhe geknotet. Zu Thomas fuhr ich immer mit der Mitfahrzentrale. Einmal hat es 14 Stunden gedauert. Kreuzberger Nächte sind lang (Gebrüder Blattschuss).

Einmal, nach einer Sauftour, hatten wir den Schlüssel vergessen, die Wohnungstür war zu. Irgendwann ging Thomas dann mal runter in die Kneipe, „da sitzen 500 Jahre Knast zusammen". Mit 30 davon kam er dann wieder rauf – Hotte. „Ick hab jebrummt wejen Einbruch, vor mir is keen Schloss sicher." Denkste. Nach einer Stunde war nicht nur Thomas' Sparkassenkarte abgebrochen, die Tür war auch immer noch zu. Irgendwann trieben wir dann einen Ersatzschlüssel auf. Klar, dass Hotte im Knast gesessen hatte – bei jedem Bruch war der Kommissar da, bevor der was klauen konnte.

Saufen rund um die Uhr, Typen, die seit Jahren von der Stütze leben, Fußball im Görli mit umgekippten Mülleimern als Tore, Einkaufswagen klauen bei Bolle, den sie dann angezündet haben. Wer das übrigens mitgekriegt hat, schwärmt noch heute davon. Das war doch mal ein richtiger 1. Mai. Klar, die besetzen den Stadtteil, schmeißen die Bullen raus und ficken das System – vergessen die doch glatt zu zahlen beim Einkaufen. Da waren wir schon mächtig beeindruckt.

Leider erzählen das die Aktivisten von damals nur, um den heutigen Randaleuren eins wie Papi reinzureiben.

In Kreuzberg stand sogar die Berliner Mauer. Da ist man dran lang gelaufen und hat sich gewundert: Was es hier alles gibt ... Zum Beispiel auch Mauertote – und zwar welche, über die nie gesprochen wird: Die auf der Westseite. So lange die den Schutzwall mitten in der Stadt hatten, fanden es Berliner Selbstmörder schick, nachts mit 200 Sachen in das Ding reinzukrachen – Tod garantiert. Loch in der Mauer auch. Die DDR-Grenzer mussten das Ding dann wieder flicken.

Ich fuhr einmal im Jahr zu Thomas. Der zog dauernd um. Irgendwann landete er bei Uli, der schreibt heute für das linke Magazin *Bahamas*. Bei Uli gab's kein Badezimmer, dafür Karl Marx-Bände ohne Ende. Gebadet wurde in der Küche, in der Plastikbadewanne. Beim nächsten Mal wohnte Thomas in der Mittenwalder, zusammen mit seinem Kumpel Joschi, der dann später wegen einer Vaterschaftsklage nach England türmte. Bis dahin hatten die zwei nur die Formel 1 im Kopf und träumten davon, Mechaniker zu werden.

„Mann, hier unten nebenan ist eine Kneipe von Blixa Bargeld!" jubelte Thomas, als ich ankam. Hinterher erfuhren wir, dass der angeblich drei Kneipen hat; Tatsache dürfte gewesen sein, dass Bargeld mit Kneipen nichts am Hut hatte. Der war doch schwer im Geschäft mit der Hörspieltruppe Einstürzende Neubauten – später verbesserte er sich und wurde noch mal ein passabler Gitarrist in Nick Caves Band The Bad Seeds.

SO 36, Döner, die Diskothek Trash – das waren dann die Stationen des jungen Berlin-Besuchers. Mensch, in dem Kino stehen ja alte Sessel rum statt Kinostühle. Guck mal, die Kneipe ist ja im 5. Stock. Manno, eine Schwulenshow im SchwuZ – mit echten Transen. Und Homos, die einen auch noch anmachen. Kreuzberg auf Besuch – ein Klischee in echt. In Bonn macht dich keiner an. Da gibt's gar keine Schwulen. Nur Studenten.

Dann in die Kneipe, wo das Geld auf dem Tisch festgeklebt war, die Biergläser Magnetscheiben unten drunter hatten und oben in der Ecke ein Zeichentrick-Porno lief. Markthalle, Essen bei Ambrosius, Mehringhof. In Kreuzberg habe ich das erste Mal ein Hochbett gesehen. Mensch, gibt's hier viele Konzerte.

Dann gingen wir auch mal zum Fußball, und zwar Türkiyemspor gegen Hertha BSC. West-Berlin hatte in den achtziger Jahren eine eigene Oberliga, da spielte Stadtteil gegen Stadtteil. Das war interessanter als später, wo Hertha in der 2. Liga spielte: Wenn die von Hannover 96 eine Packung kriegten, interessierte das vielleicht 1500 Zuschauer. In der Oberliga kamen 12000! Riesenschlägerei hinterher, Hertha-Frösche gegen Türken. Die Polente dazwischen mit Schlagstöcken, die doppelt so lang waren wie normale. Aber die Berliner Polizei ist ja auch die einzige, die Wannen fährt mit vergitterten Fenstern.

Besetzte Häuser gab es auch, das war natürlich cool für kleine Jungs. Die machten da Kunst, oder auch „Kunst". Hier besetzt, da besetzt, das da ist das Tommy-Weisbecker-Haus. Imponierend. Jahrzehnte später allerdings nicht mehr: 1996 spielte ich auf einem Fußballturnier gegen eine Mannschaft aus dem Tommy-Haus. Wir schlugen sie 3:1. Anschließend gingen sie zur besoffenen Turnierleitung und behaupteten, sie hätten gewonnen. Wir flogen deshalb raus. Zur Rede gestellt sagten sie, wir wären doch alle Linke, und da hätten sie gedacht, wir müssten doch alle weiterkommen usw. – Scheiß Schwachsinnslinke.

Damals fuhr ich in der ganzen Stadt rum und guckte mir alles an. Da gab es auch die *taz, Die Tageszeitung,* die hatten den „Säzzer" und die „Säzzerin" erfunden. Das hatten die dann bei uns in der Schülerzeitung genauso gemacht oder auch im Erstsemester-Info für Germanisten. U-Bahn fahren war gut, wer saß da nicht alles drin. Und vor allem: Die U-Bahn heißt U-Bahn, weil sie unter der Erde durchfährt. Und hier? Fährt sie obendrüber. Flohmärkte gab es, ich sag nur: Flohmärkte. Und Galerien, jede Studentin machte eine auf. In Bonn gibt es heute noch keine Galerien.

Dann war der Urlaub beendet, ich fuhr nach Bonn zurück, stand in der Punk-Kneipe „Namenlos" – gehörte übrigens einem echten Judo-Europameister, wie man sagte – rum und dachte: Nach Kreuzberg müsste man ziehen. Denn: Tätowierte Kellner, Waffenbesitzer, David Bowie, Iggy Pop, Ideal, Jingo de Lunch, Marianne Rosenberg, Christiane F., Heroin-Strich. Obwohl: Nirgendwo gibt es so viele Junkies wie in Bonn! Steigen Sie mal am Bahnhof aus, da gibt es den U-Bahn-Eingang, eine große Treppe, die allen Ernstes „Bonner Loch" heißt. Dort sitzen im Sommer 300 Drogenkranke. Dagegen ist der Platz vor dem NKZ beschaulich!

Kreuzberg hatte aber eine interessantere Kriminalität, die Delinquenten gaben sich in den Gerichtsverfahren alle Mühe, unterhaltsam zu sein – die *B.Z.* schrieb's dann auf. Zwei

Beispiele: Ein Quartalssäufer haut seinem Kumpel den Schädel ein. Warum? Nach einem tagelangen Gelage hatten sie im Fernsehen ZDF-Hitparade gesehen. „Sonst ist der Karl immer mit mir auf dem Sofa rumgehopst, wenn der Tony Marshall kam. Diesmal nicht. Da habe ich ihm die Bierflasche über den Kopf gezogen."

Anderer Fall. Zwei Sozialfälle kriegen sich in die Wolle, der eine sticht den anderen mit einem 20 Zentimeter langen Küchenmesser ab. „Herr Richter, es tut mir unendlich leid. Er ist mein bester Freund." Der Mann war nur leicht verletzt worden, er wog 150 Kilo. Seine Fettschicht hatte ihn geschützt, darin blieb die Klinge stecken. Lebenswichtige Organe blieben unversehrt ... Im gleichen Jahr haben sie in der Bonner Südstadt, dem Nobelteil, zehn alte Omas abgestochen. Die Mörder wurden nie gefunden. Mein bester Bonner Kumpel, der wohnt da, traut sich bis heute nicht, mich in Berlin zu besuchen – der hat Angst, das wäre zu gefährlich, weil da Kreuzberg ist, na, der hat Nerven. Ich sag nur, Fortschritt: Als die Bonner Imbissbuden Gyros einführten, gab es in Kreuzberg schon Currywurst im Döner.

Samstag Nachmittag, Berlin-Kreuzberg, die Mauer steht noch: Ein Mann schreit seine Frau zusammen. „Du hast sie nicht alle, du faule Schlampe, ich geh den ganzen Tag malochen und du spülst nicht mal, wie sieht das denn hier aus, ich mach dich fertig ..." Zwei Stunden geht das so. Von ihr hört man nichts.

Ein Mann erscheint auf dem Balkon gegenüber und ruft: „Na, mach doch wenigstens das Fenster zu!" Die Antwort kommt postwendend. „Halt die Schnauze da drüben, ich komm dir gleich darüber, Drecksau, Arschloch, leg dich nicht mit mir an" usw.

Dann wendet er sich wieder seiner Liebsten zu. „Du hast sie nicht alle, du faule Schlampe, ich geh den ganzen Tag malochen und du spülst nicht mal, wie sieht das denn hier aus, ich mach dich fertig ..." – Irgendwann kommt der Schlusssatz: „Du sitzt den ganzen Tag zu Hause und verkoofst rosa Luft in Tüten."

Darin ist die Kreuzbergerin nun mal Meisterin. Und der Kreuzberger. Einen Mythos Kreuzberg gab es trotzdem nicht, den gab's nur für mich als Schulkind. Etwas Besonderes war es aber schon. Deswegen hatten sie es ja auch eingemauert, damit es nicht aus Versehen wegkommt.

Irgendwann reichte es mir: Ich zog dann doch tatsächlich nach Kreuzberg – Anfang der neunziger Jahre. Aber da lag es schon in Friedrichshain.

STATT DER AUTOBAHN KAM DER TÜRKE
von Doris Akrap und Deniz Yücel

Islamisten, Extremisten, Terroristen, doppelte Staatsbürger, Drogendealer, Parallelgesellschaften, gefährliche Orte … Kaum eine Reportage, die diese Themen nicht mit Aufnahmen der „Wohnmaschine aus Beton" am Kottbusser Tor illustrieren würde. Das „Neue Kreuzberger Zentrum", wie der Gebäudekomplex noch bis vor kurzem offiziell hieß, was so selbstverständlich wie obszön als „NKZ" abgekürzt wurde, symbolisiert weit über die Stadtgrenze hinaus und wohl mehr als jedes andere Monument das Dunkle und Bedrohliche innerhalb deutscher Normalität und Gemütlichkeit. Ein Ort von dem „man sagen kann: dort befindet man sich nicht in Deutschland", wie Berlins damaliger Innensenator Jörg Schönbohm im Juni 1998 beklagte.

An der Skalitzer Straße beginnend, die Adalbert überbrückend, die Dresdner vom Kottbusser Tor abschneidend und das Halbrund an der Reichenberger vollendend, erstreckt sich der Komplex auf 18.000 Quadratmetern, ragt elf Stockwerke hoch, hat fünf Aufgänge, vier Postanschriften, 15.000 Quadratmeter Gewerbefläche, 300 Wohnungen zu acht Mark netto kalt und rund tausend Bewohnerinnen und Bewohner, von denen mehr als die Hälfte einen türkischen Pass besitzt.

Schon 1987 nannte die *taz* das Kottbusser Tor einen „Eintopf allen irdischen Unglücks" und „ein Sammelsurium von Punks, Alkis, Bettlern, Pennern und türkischen Großfamilien". Das „NKZ" sei „ein Betonrahmen, in dem sich der Untergang der menschlichen Seele vollzieht. Hier ist nichts mehr normal, was der Kleinbürger schätzt." Im März 1998 forderte der da noch fest im Sattel sitzende CDU-Fraktionsvorsitzende Klaus-Rüdiger Landowsky Konsequenzen: „Man muss Mut haben, Gebäude wie das Neue Kreuzberger Zentrum oder den Sozialpalast zu sprengen", schließlich seien dort nur „Junkies, Gewalt, Ausländer und kaum noch normale Berliner" zurückgeblieben. Ex-Bausenator Hans Stimmann (SPD) sekundierte: „Vielleicht sollte man das „NKZ" in der Tat abreißen, das versaut die Stadt. Das ist ein sozialer Brennpunkt." Wenn es schon nicht möglich war, ganz Kreuzberg mitsamt seiner Ausländerinnen und Armen für einen Parkplatz der Neuen Mitte einzustampfen, so sollte wenigstens sein „Schaufenster" dran glauben.

Zwar sorgten Landowsky und Stimman mit diesem *Tagesspiegel*-Gespräch für den empörten Aufschrei der Berufskreuzberger. Neu war der Vorschlag indes nicht. Schon in den 80er Jahren hatten Politiker immer wieder den Abriss des „NKZ" ins Gespräch gebracht.

Sozialer Brennpunkt? Irgendwas ist da wohl schiefgelaufen. In der Planungsphase in den 60er Jahren wird das „NKZ" noch ganz anders präsentiert: Senatsbaudirektor Müller preist den „Wohnwall mit City-Charakter", der „bis nach Tokio ausstrahlt" und die *Bild* schwärmt für das Projekt, das „alles bietet, was das Herz begehrt". Eine sozialdemokratische Utopie: bezahlbare und komfortable Wohnungen, dazu Lesehof, Freilichtbühne, Schwimmbad, Ateliers, Kaufhäuser, Terrassencafés, Kino. Das „Schaufenster der Kreuzberger Industrie" soll es werden und zugleich den „attraktivsten Mittelpunkt" des Stadtteils bilden. Aus Beton wollen die Bauherren „hängende Gärten" errichten.

Eingebettet sind diese Planungen in den Flächennutzungsplan aus den 50er Jahren, der das SO 36 als größten Erneuerungsschwerpunkt in Europa ausweist. Im Rücken des „NKZ" – das heute ein ganzes Viertel zum Hinterhof degradiert – sollen zwei Autobahntrassen verlaufen, eine Schneise soll auf den Blöcken zwischen Oranienstraße und Naunynstraße zum Oranienplatz führen, eine zweite über Erkelenzdamm und Wassertorplatz nach Norden. Der Oranienplatz ist dabei als gewaltiger Autobahnverteiler vorgesehen. Entlang der Autobahn sind Gewerbegebiete und Wohnhäuser geplant.

Den bevorstehenden Abriss der gesamten Luisenstadt vor Augen investiert niemand mehr in die Altbauten. Die alten Mieter ziehen nach und nach weg, türkische Familien werden als „Zwischennutzer" einquartiert.

Die Bauherren Schmidt und Press, die dank der Ton, Steine, Scherben Eingang ins linke Kollektivgedächtnis gefunden haben, kaufen 29 Grundstücke auf und beginnen mit dem Abriss der alten Häuser. Der Senat stört sich weder an den mit großer Energie betriebenen Entmietungen, noch an baurechtlichen Fragen – zu geringer Abstand zu benachbarten Gebäuden, ungeklärte Besitzverhältnisse. Statt dessen ernennt die Stadtverwaltung das Gebiet um das Kottbusser Tor 1972 offiziell zum Sanierungsgebiet und ermöglicht die Förderungen für den sozialen Wohnungsbau.

Die Investoren stehen unter Zeitdruck. 1974 läuft das

Berlinhilfegesetz aus, das Kommanditisten im Wohnungsbau großzügige Steuerabschreibungsmöglichkeiten bietet. Um maximale Summen zu erzielen, muss der gesamte Komplex bis dahin fertiggestellt sein. 1972 erfolgt die Grundsteinlegung. Die soziale Utopie aus den Reklameprospekten ist schon vergessen. Innerhalb von zwei Jahren wird das 110-Millionen-Mark-Projekt schnell und billig hochgezogen und pünktlich für beendet erklärt, obwohl das Gebäude an allen Ecken und Enden alles andere als fertiggestellt ist.

Schon 1980 wird die Billigproduktion „NKZ" baufällig. Die Wohnungsbaukreditanstalt (WBK) gewährt ein Darlehen, um den auf Sanierungsgebiet entstandenen, zuvor zur „Beletage Kreuzbergs" stilisierten Gebäudekomplex zu sanieren. Zur selben Zeit wehrt der Senat eine Zwangsversteigerung ab und unterstellt das Haus der Zwangsverwaltung. 1983 wird das „NKZ" endgültig zu einem Sozialwohnungskomplex, da die WBK die Hauptschuldenlast von 65 Millionen DM übernimmt.

Während man zur Gründerzeit gerade in Berlin die Geschichte, in den Formen von Neoklassik oder Neobarock an die Hausfassade klebte, um sich der Ursprünglichkeit und der Tiefendimension Deutschlands zu vergewissern, bemüht man sich im postfaschistischen Deutschland den Fassadenschmuck wieder abzulegen und durch den reinen Beton das unschuldige Gesicht zu zeigen. Als ob Geschichte mit den ästhetischen Zeichen verschwinden und spurlos an den glatten Beton- und Plastikwänden abgleiten würde. Zugleich hinterlassen die bis 1981 regierenden sozialdemokratischen Abrissplaner in der Schleifung der Stadt des 19. Jahrhunderts landschaftliche Brachen. Dank der sozialhygienischen Vorstellung, die proletarische in eine kleinbürgerliche Struktur verwandeln zu können, erledigen sie auf diese Weise einen guten Teil ihrer eigenen, traditionellen Klientel im Stadtteil Kreuzberg.

Zwar können Anwohnerinnen, Einzelhändler und ein Teil der Linken, die sich in die Auseinandersetzungen einschalten, den Bau nicht verhindern. Aber erstmals stößt Sanierung auf einen nennenswerten Widerstand. Drei Jahre nach der offiziellen Fertigstellung des „NKZ" veranstaltet der Senat den städtebaulichen Wettbewerb „Strategien für Kreuzberg", die Kahlschlagsanierung ist beendet.

Für die Hausbesetzungsbewegung, die im folgenden dazu beiträgt, den weiteren Abriss von SO 36 zu verhindern, erfüllt das „NKZ" eine doppelte Funktion: Es ist die Antithese zur Instandbesetzung, ein in Beton gegossener Aufruf, die leerstehenden und verfallenden Häuser in Beschlag zu nehmen. Zugleich stellt der „NKZ"-Riegel eine symbolische Barrikade dar: Es gilt nun, den „Kiez" diesseits der Brücke zu erhalten.

Während die Besetzerinnen und Autonomen mit der Arbeitswut von Trümmerfrauen ans Werk gehen, um sich im radical chic ihre Version des Bausparvertrages zu verwirklichen, gewinnt das „NKZ" eine weitere und bis heute anhaltende symbolische Bedeutung: es wird zum türkischen Ghetto innerhalb des türkischen Ghettos.

Trotz des von 1975 bis 1990 geltenden Zuzugsstops für Nichtdeutsche nach Kreuzberg und trotz ursprünglich vorgesehener Quotierung des Ausländeranteils ziehen mehr und mehr Immigranten und Immigrantinnen in das Haus ein, die froh sind, ihre schäbigen Behausungen gegen halbwegs bezahlbare – keineswegs billige – Wohnungen mit Zentralheizung, Bad und Innentoilette einzutauschen.

Auch für die türkischen Einwanderer entwickelt sich das „NKZ" zum symbolischen Ort. In Anlehnung an die historische Brücke über das Goldene Horn in Istanbul, taufen sie die Gebäudekonstruktion, die die Adalbertstraße überbrückt, „Galata Köprüsü". So wie die legendäre Brücke in Istanbul nicht bloße Verkehrsverbindung war, sondern ein mit Cafés und Lokalen ausgestatteter Kommunikationspunkt, ist auch das „NKZ" für die türkischen Kreuzberger mehr als ein Wohnblock. Türkische Linke betreiben in den Räumen in der „Galerie" direkt über der Adalbertstraße das „Café Galata". Zwar ein kommerziell betriebenes Café, aber wegen seiner zentralen Lage achten alle Gruppen darauf, dass stets ihre aktuellen Kommuniqués dort ausliegen. Die schweren Betontreppen, die rechts und links zur Galerie – eine Art repräsentativer Balkon – hinaufführen, sind mit politischen Plakaten zugeklebt, oben an der Brücke prangen, auf hunderte Meter erkennbar, Parolen. Andererseits mieten sich die Islamisten im Pavillon im Ostflügel ein und eröffnen hier die Mevlana-Moschee. Trägerverein ist Milli Görüs/Sektion Berlin e.V., der erste Verein in Europa, der offiziell unter dem Namen der islamistischen Erbakan-Bewegung firmiert.

In Kreuzberg ist in dieser Zeit zweimal die Woche Tag des

türkischen Flugblatts: freitags auf dem Markt am Maybachufer und samstags am Kottbusser Tor. Im Januar 1980, zehn Tage nach dem Einmarsch der Roten Armee in Afghanistan, wird eine Gruppe von Linken, die am Kottbusser Tor Flugblätter verteilt, von einer Gruppe von Islamisten und Faschisten aus der Moschee attackiert. Vor dem Kaisers steht man sich gegenüber und skandiert Parolen. Als die Linken schon im Weggehen sind, greift der zahlenmäßig überlegene islamistisch-faschistische Mob sie mit Ketten, Knüppeln und Messern an. Der Lehrer Celalettin Kesim wird ermordet, die Angreifer flüchten in die Moschee.

„Das Zentrum Kreuzberg war nie das linke Zentrum, wie es von außen schien und für das es viele hielten", resümiert ein Bewohner und Aktivist jener Tage, „die Linken haben nur die Brücke besetzt und so ihre Show abgezogen." Aber die wirkt. Mehrfach fahren Mitte der 90er Jahre nach Siegen der türkischen Fußballnationalmannschaft Anhänger der Graue Wölfe aus der ganzen Stadt im Autokorso nach Kreuzberg, um an der Galata-Brücke ihre Fahnen zu schwenken. Eine Provokation. Die Cafégäste stürmen runter, andere eilen zu Hilfe, es kommt zu Massenschlägereien.

Auch „gemäßigte" Gruppierungen sehen das „NKZ" fast als repräsentative Adresse. So unterhält etwa die konservative „Türkische Gemeinde Berlin" Räume in der Galerie.

Im März 1986, wenige Tage vor dem Anschlag auf die Diskothek „La Belle", wird sogar ein Bombenanschlag im „NKZ" verübt, bei dem elf Menschen verletzt werden. Ziel sind die Räume der „Deutsch-Arabischen Gesellschaft" in der

Galerie, die Täter kommen mutmaßlich aus bewaffneten arabischen Kreisen, viele Linke spekulieren noch heute über die Zusammenhänge.

Die 80er Jahre sind Jahre des Verfalls. Die Hausverwaltung presst den Bewohnern hohe Mieten und noch höhere Betriebskosten ab, ohne sich sonst um irgendwas zu kümmern, die polytoxikomane Szene vom Kottbusser Tor zieht, als Nutzer oder Mieter, ein. Der Anteil der vom Sozialamt übernommenen Mieten wächst. Passenderweise erwägt die Berliner Sozialbehörde 1987 mit ihren 3000 Angestellten in das „NKZ" einzuziehen.

Heute erlebt die ursprünglich geplante „echt großstädtische City-Funktion" des „NKZ", die alte, sozial unterprivilegierte Bevölkerungsteile gegen kleinbürgerliche Klientel auszutauschen, eine Renaissance. Es geht um die Entwicklung des „Cityergänzungsgebiets" der hauptstädtischen Dienstleistungsmetropole, aber die Sprengung ist nun vom Tisch. Vielmehr wird in das Image des „Kreuzberger Zentrum" investiert.

Im Herbst 1998 übernimmt Peter Ackermann, der den demolierenden Artisten Schmidt & Co als Rechtsanwalt gedient hatte, die Verwaltung des Gebäudes. Fast zeitgleich startet der Senat das – mit EU-Mitteln finanzierte – Projekt „Quartiersmanagement". Selbstredend gehören Kottbusser Tor und „NKZ" zu den 15 Gebieten, in denen man „soziale Stadterneuerung" betreiben will. Die erste sichtbare Maßnahme: Die schweren Betontreppen beiderseits der

Brücke werden Ende 1999 abgerissen und durch eine Wendeltreppe aus Stahl ersetzt. Gleichzeitig wird die Mauer über der Brücke getüncht und in beide Richtungen der neue Name mitsamt neuem Logo – gelbe Sonne mit grünem Punkt – angebracht. „Zentrum Kreuzberg" steht da jetzt auf der einen, „Kreuzberg Merkezi" auf der anderen Seite. Stolz ist man auch auf die neuen und natürlich mit Logo versehenen 140 Mülltonnen und auf den Wachdienst, der vor allem die Junkies vom Gebäude fernhalten soll. Der Höhepunkt ist der neue Spielplatzes hinter der Stadtbücherei in der Adalbertstraße, der Ende 2000 in Anwesenheit der lokalen Politprominenz eingeweiht wird. Das „Café Galata" ist mittlerweile geschlossen, im Sommer 2001 inszeniert die Volksbühne in den Räumen ein „Obdachlosentheater".

Inzwischen hat der Kreuzberger Alternativsumpf aus Sozial- und Kulturarbeitern, Architektinnen und Ausländerintegrationsspezialistinnen das „NKZ" in die Obhut genommen. Das Zentrum Kreuzberg steht nach wie vor für Glanz und Elend der multikulturellen Gesellschaft, aber der „Sudelpunkt" wird wieder als „Sprudelpunkt" entdeckt. „Die Mieter haben wieder Hoffnung", registriert die *Berliner Zeitung*, das „Symbol für Misere und Ghetto wird lebenswert", freut sich *Die Zeit*, „am Kottbusser Tor geht die Sonne auf" jubelt gar der *Tagesspiegel*. Und alle sind entzückt: der Bürgermeister, der Kontaktbereichsbeamte, die Ausländerbeauftragte ...

Die Helden dieser neuen Story: Peter Ackermann, der „energiegeladene Wirtschaftsanwalt", der „tatkräftig und entschieden die Dinge umkrempeln will", die Sozialarbeiterinnen und Quartiersmanager sowie ein paar Musterbewohnerinnen und Musterbewohner. Zumeist deutsche Rentner oder gewerbetreibende Türkinnen. Horst Wiessner etwa, der sich auf dem Dach des Gebäudes einen Garten eingerichtet hat, oder Celalettin Aktürk vom Lahmacun-Laden. Ihr gemeinsames Credo: Das ist unsere Heimat, und wenn auch endlich die Junkies verschwänden und ein paar „normale Deutsche" hinzukämen, wäre sie auch heimatlich, die Heimat. Dafür engagieren sie sich und dafür sollen sie sich auch engagieren.

Denn nichts geschieht mehr am Zentrum Kreuzberg ohne das Zauberwort „Bürgerbeteiligung". Mitmachen müssen alle: „Wer das nicht tut, fliegt raus", spricht Ackermann in Richtung der Gewerbetreibenden, aber im Sinn hat er nicht nur diese. Bezugspunkt ist nicht die Gesellschaft, sondern die Hausgemeinschaft, an Stelle der Öffentlichkeit tritt die Nachbarschaft. Das Dorf wird schöner: Das Quartiersmanagement sponsert offizielle Graffiti-Aktionen, Stützeempfänger werden durch das Modell „Integration durch Arbeit" zur Beseitigung der Graffitis im Innenbereich des Gebäudes herangezogen.

Das „NKZ" ist erneut ein symbolischer Ort, diesmal „ein Modellfall der Integration". Einerseits will man das Ghetto-Image loswerden, anderseits muss man eben dieses Image permanent reproduzieren, denn davon hängt ab, ob die öffentlichen Gelder weiter fließen.

Lieber würde man im „Café Galata" sein Geld ausgeben können als sich von der „Existenzgründer-Galerie" darüber beraten zu lassen, wie man an mehr rankommt.

DER GEISTERTUNNEL UNTERM GÖRLITZER PARK
von Dietrich Kuhlbrodt

Es war Mitte der neunziger Jahre, und es war schon damals überholt, in einer der klassischen Wohngemeinschaften zu leben, doch Till tat es, und ich fand's klasse. An einem Tag wie diesem war es aber Frust. Draußen schien die Sonne, und drinnen hatte schon seit Tagen jeder das Geschirr vom andern benutzt. Till war in der Küche dran, aber ich versagte wieder als Vater. Wir kletterten in dem Hof-Gewerbe-Haus die Stiegen runter. Schwer hölzern überall und düster wie im Tunnel. Zwei Etagen tiefer arbeitete noch etwas, das wie Bleisatzfabrikation aussah. Reichenberger Straße Ecke Glogauer Straße. Linksrum zum Görlitzer Park, und da waren sie tatsächlich, die Stufen runter zum Tunnel. Das Stutzenportal stand noch. Auf den Stufen lagen Papiertaschentücher und Kondome, deren Zahl abwärts zunahm. Ich blieb oben stehen und sah was, das vor fünfzig Jahren da gewesen war: ich.

Januar 1945, ich war elf, meine Schwester Heidi 9, und Miezi und Wauwi, meine Stofftiere, so alt wie immer, ewig jung.

Aufgepaßt: jetzt wird erinnert! Und zwar in zwei Abschnitten. Im ersten brutal affirmativ, im zweiten verschwitzt und defensiv, denn Chefredakteur Behnken hatte mich vor die Redaktionsvollversammlung der *Jungle World* zitiert. Das war vier Querstraßen weiter Richtung Görlitzer Bahnhof gewesen. In einem Hofgewerbehaus der Lausitzer Straße mußte ich mich für was rechtfertigen, das, wie gesagt, im Text noch nicht dran ist. So viel aber schon jetzt: ich war von der frisch gegründeten Wochenzeitung zur Rede gestellt worden, auch dafür gab's für mich ein fünfzigjähriges Jubiläum. Januar 1945 in Zittau in Sachsen.

Jemandem mit Erinnerungen zu kommen und zu behaupten, die seien allgegenwärtig, auch sei der Görlitzer Park der Neunziger daneben die mindere Qualität, – das, so weiß ich, ist nicht meine Privatsache, sondern objektive Realität. Ganz sicher weiß ich das seit Oktober 2001. Ich war in Wien, auf dem Filmfest, der Viennale, und sah einen dieser japanischen Geisterfilme, die behaupten, daß jedes Ding seinen Geist hat, ob Mensch, Tier oder Sache. So daß man auch die Treppenstufen zum Görlitzer Tunnelstutzen als Geisteremanation definieren kann. Und wehe, es hört keiner drauf oder liest diesen Text nicht weiter, dann kommt ein Flugzeug und fliegt ins Hochhaus. Jedenfalls war das die Aussage des prä-11.September-Films „Kairo", und ich verliere den Faden. Was ich als Geist aber darf.

Im Januar 1945 also war ich im Dunklen mit Heidi die Stufen runtergestolpert, ziemlich geschubst, ich hatte Wauwi verloren, oder er war geflüchtet, ich tastete auf den Stufen rum, die Erwachsenen schimpften, die Sirenen hatten schon aufgehört zu heulen, die ersten Bomben schlugen ein, und wer sagte, wir täten recht, vorm Tunnel zu bleiben, denn, wenn da was drauffiele, wären sowieso alle hin, bei der dünnen Decke. Wir wurden trotzdem reingedrängt. Der Tunnel schaukelte. Das Licht ging aus. Einige schrieen, alle anderen blieben stumm im Tunnel. Heidi und ich waren noch ganz aufgeregt, aber das war noch vorher gewesen, in der Bahnhofsgaststätte. Das einzige, was es noch gegeben hatte, waren Pappbecher mit Wasser gewesen, zu 15 Pfennig. Glück gehabt, wir waren die letzten. Die Becher waren alle, und Wasser ohne Becher gab's nicht. „Das ist doch paradox!", hatte eine Frau gerufen. Das Wort kannte ich nicht, es muß gefährlich gewesen sein. Ein Mann hatte sie aufgefordert, das noch mal zu sagen. Schweigen. Stille. Ich weiß noch heute, das was in der Luft lag. Eine unerträgliche Spannung. Schlimmer als das, was anschließend aus der Luft kam. Das Bahnhofsgebäude ist heute weg, die Spannung noch immer da, geisterhaft.

Ich war mit Heidi auf dem Weg von Zittau nach Mecklenburg, aus der Kinderlandverschickung ins Dorf, wo die Ausgebombten lebten. In Görlitz waren wir ausgestiegen und lauschten dem Kanonendonner, aber das war ein Fehler gewesen. Unser richtiges Ziel, den Görlitzer Bahnhof, hatten wir trotzdem erreicht. Aus dem Tunnel rechts raus, und früh am Morgen, im Dunklen, fuhr geisterhaft die erste U-Bahn übers Viadukt, schwach beleuchtet, trotz der Verdunklung.

Fünfzig Jahre später ging ich mit Till links rum. Der Tunnel wäre längst abgetragen, sagte er. Der Eingang würde zugeschüttet werden. Der Geist, der in dem Ding sitzt oder es ist, ist tatsächlich längst beerdigt. Ich weiß nicht, ob er sich das auf Dauer gefallen läßt. Hoffentlich kommt nicht der Japan-Flieger. Ich hatte zusammen mit Till das lebhafte Gefühl, dem Tunnel Ehrerbietung erweisen zu müssen. Wir spürten beide in der Längsrichtung des Parks die Erhabenheit, auf der die Gleise den Bahnhof Richtung Görlitz verlassen hatten oder in der Geisterwelt noch heute verlassen. Ich meinte zu hören, wie

Züge über nicht verschweißte Gleise rumpelten, zu sehen war in der diesseitigen Welt keine Eisenbahn, wir konnten also ungefährdet die Brücke über den Landwehrkanal überqueren, Treptow erreichen, längs der Kiefholzstraße über die Brücken in Verlängerung der Jordanstraße gehen, und dann den Damm hoch zur Strecke von Sonnenallee nach Treptower Park, auch hier fuhr die S-Bahn mitnichten. Uns war klar, daß wir in Treptow nichts zu suchen hatten. Wir kehrten um, und so konnte ich endlich ein zweites mal in den Görlitzer Bahnhof einfahren. Den Park nahm ich nicht wahr. Mitte der Neunziger Jahre hatte er immer noch etwas Kahles an sich.

Auch Chefredakteur Behnken hatte am Treptower Park nichts mehr zu suchen. Die Redaktion der *jungen Welt* saß in einem Gebäude, an dessen Hinterseite Till und ich die Kehrtwende wieder Richtung Görlitzer Park gemacht hatten. Dem Behnken und fast der ganzen rebellischen Redaktion war gekündigt worden. Sie mußten aus dem altehrwürdigen FDJ-Gebäude raus, auch Jürgen Kiontke, dem ich früher meine Filmsachen geschickt hatte. Die neue dissidente Zeitung nannte sich *Jungle World*. Kreuzberg bot den Redakteuren sichere Zuflucht. „Es wär' gut, wenn Du Dich in der Lausitzer Straße mal sehen ließest". So Freund Jürgen. Ich hatte in der Tat was gutzumachen. Denn während des *junge Welt*-Aufruhrs hatte ich mangelnde Solidarität gezeigt. Einen Artikel, der dort noch lag, hatte ich nicht zurückgezogen. Er war jetzt bei den Feinden erschienen, und ich sollte mich vor den Noch-Freunden rechtfertigen. Zum festgesetzten Termin war ich nicht gekommen. Einfach so. Schlimm.

Jetzt also, ein paar Schritte von Tills Wohngemeinschaft entfernt, schritt ich zum Versöhnungstreff in die Lausitzer Straße. Beglückt pfiff ich mir ein geisterhaftes Lied. In den lichten Redaktionsräumen traf ich einen ernsten Behnken an. „Die anderen kommen noch", sagte er, „wir warten." Zu viel Ehre für mich. Zu meinem Empfang traf eine ernste Heike Runge ein; sie war für meine Filmartikel zuständig geworden. Ein oder zwei Redakteure kamen noch dazu. Dann begann das Verhör. In der Lausitzer Straße wurde ich zur Selbstkritik eingeladen. Ich verteidigte mich. Soweit ich erinnere, ging es um Schlingensief und ob ich auch evtl. Nazi wär. Leider kriegte ich das redaktionelle Anliegen erst nach anderthalb Stunden raus. Solange hatte ich small-talk-mäßig über das geplaudert, was wir an der Volksbühne Ost am Rosa-Luxemburg-Platz trieben. Jetzt, in Kreuzberg, war ich in einem anderen Land mit anderer Zeit. Und da kam sie wieder auf, diese Spannung, das Verstummen und die Stille, nachdem ich ohne Überlegung was gesagt hatte wie „Das ist ja paradox."

Es mußte schon aus dramaturgischen Gründen etwas geschehen. Muß ich mich mit traumatischer Begründung verteidigen? Ich muß mich rechtfertigen! Mir kam eine Erleuchtung. „Ich bin kein Nazi!", sagte ich. „Und wenn was von mir in der *jungen Welt* erscheint, dann doch nicht ebenso in der *Jungen Freiheit*." – „Also gut, ihr habt's alle gehört", sagte Behnken entschieden, „damit ist es gut". Die Redakteure gingen wieder an ihre Tische, und Behnken verabschiedete mich.

Da stand ich leicht verwirrt auf der Lausitzer Straße und blinzelte ins Himmelslicht. Schräg gegenüber stand ein offiziös anmutendes Bauwerk, St. Marien, glaube ich. Genauso hatte ich fünfzig Jahre zuvor ein Gemäuer in Zittau in Sachsen vor Augen gehabt, als ich, allerdings die erwähnten elf Jahre alt, das Direktorzimmer der Oberschule verlassen hatte, verwirrt, überrascht, schuldig, evtl. aber doch freigesprochen. Ich hatte, und das mitten im Schuljahr, zu Jahresbeginn 1945 eine Reisegenehmigung für mich und meine Schwester beantragt. Oder es war so gewesen, daß der Direktor das Abhängigkeitsverhältnis bestätigen und die Reise billigen mußte. Egal. Der Chefdirektor hatte mir, wie ich erwartet hatte, keineswegs eine gute Reise Richtung Görlitz resp. Görlitzer Bahnhof gewünscht. Stattdessen behandelte er mich als fahnenflüchtigen Erwachsenen. „Wenn alle ihren Posten verlassen so wie Du, dann ist unser Vaterland verloren", schwang er die Moralkeule. Dann schwieg er, lange. Spannung baute sich auf. Ich mußte mich rechtfertigen, mich verteidigen. Mich verließ der Mut. Ehe er mich soweit hatte, daß ich ihn um ein moralisch einwandfreies Gewehr bitten konnte, sagte er so etwas wie „Was hast Du mir zu sagen?" – „Ich bin kein Nazi", sagte ich trotzig.

Na, das erinnere ich bestimmt falsch, aber den Trotz habe ich noch immer, auch noch als Geist der Nazizeit, der grade 50 Jahre Erinnerung feiert. In Kreuzberg. Beschwingt ging ich, ein altmodisches Liedlein pfeifend, eine Querstraße weiter zur Paulstraße, am Landwehrkanal längs, über die Brücke zum Maybachufer, traf dort meinen anderen Sohn, den lieben Björn, sowie Wiglaf Droste, wir tranken uns die Hucke voll. Mit Wein. Auf der Brücke belästigten wir Passanten. Wiglaf hatte mich zu diesem Zweck mit einer Taschenlampe ausgerüstet. Es wurde dunkel. Man konnte an der Lampe zwei gelbe sowie einen roten und einen rosa Knopf drücken und damit Technorhythmen aktivieren, auch, jawohl, modulieren, geringfügig, aber immerhin. Das Licht flackerte dazu. Es war klasse. Die Erinnerungsgeister waren abwesend. Und sowieso war es lästig geworden, wie das, was gewesen war, zusammen floß und sich vermischte. Die Gehirnzellen, die Erinnerung kodieren, sterben alle sieben Jahre ab. Hat mir inzwischen Karl-Heinz Roth auf Gremlizas Geburtstagsparty gesagt. Also erinnere ich mich höchstens an das, was ich schon vor jeweils sieben Jahren erinnert hatte. Tschuldigung also, Behnken. Aber trotz trotz trotzdem gehe ich, wenn ich in Kreuzberg bin, lieber nicht in die Lausitzer Straße. Empfehlen kann ich nur den Weg über die Brücke vom Maybachufer zum Bierhimmel in der Oranienstraße. Im Oktober 2001 traf ich dort Wolfgang Müller, der mir die Geschichte vom Frontkino erzählte, wo ich in den achtziger Jahren auch gewesen war, ohne von der Leiche drüber zu wissen. Meine Leichen liegen jetzt unterm Görlitzer Park. Im Tunnel. Denke ich doch. Die Geister werden rauskommen, wenn man sie ruft.

KREUZBERG, MEIN KREUZBERG
von Max Müller

An alles kann ich mich noch erinnern, als wäre es gestern. Es war einer dieser diesigen, grauen Tage, als ich den Weg zurück zu meinem derzeitigen Zuhause, dem sogenannten Rauchhaus, schlenderte.

Mein Freund Cocco Neubauer hatte es geschafft, dass ich dort einzog. Beim Plenum, wo beschlossen wurde, wer alles einziehen darf, war kaum jemand da, gerade mal zwei Freunde von Cocco. „Wer ist dafür?" fragte der Plenumsleiter. Pflichtschuldig hoben die beiden loyalen Freunde ihre Hände und ich war drin! Ein Jahr wohnte ich dort unbemerkt von allen, da ich beschlossen hatte, mich bei irgendwelchen Meetings nicht blicken zu lassen. Ich badete mit meiner damaligen Freundin Lesley dort, was sehr praktisch war, da sie kein Badezimmer besaß. Und weil die Badewannen dort ähnlich groß waren, wie die in dem Film „Quadrophenia". Allerdings musste man tunlichst vor 12 Uhr baden, da sonst ständig wer anklopfte und herein wollte.

Meiner Erinnerung nach bestand das Rauchhaus aus vier Fraktionen: italienische Junkies, deutsche Schleppscheiße-Punks und einem nach Schweiß und Rotwein (!) stinkendem französischen Maler (!!!), der sich vorgenommen hatte, die gesamte Mauer mit seinen hässlich bunten Gnomen zu bemalen. Was damals allgemein als Belästigung empfunden wurde. War einer der Gnome übermalt, wurde er sogleich am andern Tag von exakt demselben hässlichen Männchen ersetzt.

Die letzte Fraktion: die Hausmeister, die sich ständig aufspielten und glaubten, irgend so etwas wie deutsche Ordnung in dieses Chaos einbringen zu müssen. Was ihnen jedoch absolut nie gelang. Und so ließ man sie walten und schalten. Das Rauchhaus war ständig überheizt, weswegen ständig alle Türen aufstanden. Permanent gab es Hausdurchsuchungen, bei denen auch irgendwelche Leute mitgenommen wurden, die man nie wiedersah, Gott sei dank. Ich verstand sowieso nicht, wieso die Stadt für diesen Hort an Drogen und Kleinkriminalität bezahlte, andernorts aber Kitas und Kinderbauernhöfe schloss. War aber so und ist immer noch so. Mein Freund klärte mich auf, dass im Haus noch so eine Art Treberprojekt sei, was von der Stadt unterstützt werde. Da hat man gleich den Rest auch noch unterstützt. Oh Gott, die armen minderjährigen Treber, die hier mit von Schleppscheiße gezeichneten offenen Armen und Beinen empfangen wurden, um dann erst mal mit Drogen bekannt gemacht zu werden. Das dachte ich damals.

Ich hatte ein Riesenzimmer, mein Freund Cocco hatte nebenan ein Zimmer. Er brachte mir bei, wie man sich Ayran selbst macht. Eine 1 Liter Plastikflasche Buttermilch, Wasser und Salz und Pfeffer und dann kräftig schütteln. Heute weiß ich, dass Ayran aus Joghurt besteht und nicht aus Buttermilch. Er kochte Kaffee in so einer kleinen komischen Chromkanne, und trank ihn mit viel Milch. Cocco war nämlich halb deutsch und halb Franzose und wie das Klischee so will, im Rahmen seiner finanziellen Verhältnisse ein echter Feinschmecker. Mein Zimmer im zweiten Stock hatte eine prima Aussicht auf den Grenzturm – direkt hinter dem Haus verlief die Mauer –, von dem uns ab und zu freundlich lachend die Grenzsoldaten rüberwinkten, da sie wohl glaubten, an asozialem Gesindel wie uns würde der Westen kaputt gehen. Damals hätte ich ihnen gerne gesagt, dass dem nicht so ist. Dass eher das Gegenteil der Fall ist und der Staat unseren dekadenten Lebensstil subventioniert, wo er kann und so erst möglich macht. Das empfand ich als einen elementaren Vorteil des westlichen kapitalistisch geprägten Systems gegenüber dem östlichen kommunistisch geprägten System. Im Keller waren die Proberäume unserer Bands. Coccos Band hieß: Lolitas, meine: Camping Sex. Die Proberäume waren natürlich auch umsonst.

Aber ich schweife ab. Wie gesagt, es war ein diesiger Tag. Ich hatte am Tag vorher viel getrunken und stolperte gedankenverloren über den gepflasterten Vorhof des Künstlerhauses Bethanien. Vor mir erschien das Eingangstor des Rauchhauses, als sich hinter mir langsam ein Auto näherte. Was ich als merkwürdig empfand, denn Autos rasen hier lang (Prolls) oder sie machen einen Höllenkrach, bevor sie schließlich verrecken (eine Clique aus Althippies, die ihre Wohnwagen vor dem Rauchhaus parkten). Das Geräusch kam immer näher. Neben mir fuhr sehr langsam ein goldener Mercedes 280 SE. Irgendwie kam die Sonne einen Augenblick hervor und tauchte alles in ein unwirkliches gelbes Licht. Wie im Traum sah ich zum Beifahrer hinunter und sah ... und sah ... Peter Falk! Der mich wiederum schräg von unten her ansah und dann grinste, da er wohl mein ungläubiges Gesicht bemerkt hatte!!!! Das bildete ich mir damals jedenfalls ein. Die Sonne verschwand wieder, der Wagen entfernte sich langsam im Rückwärtsgang. Ich betrat das Rauchhaus.

Später erfuhr ich, dass Wim Wenders gerade „Himmel über Berlin" drehte und mit Peter Falk so etwas wie eine Sightseeing Tour gemacht hatte. Ob sich Peter Falk an mich erinnert? Wohl kaum. Ich aber werde diese Begegnung nie vergessen, da ich bis heute ein großer Bewunderer seiner Kunst bin. Was das alles mit Kreuzberg zu tun hat? Ich bin der festen Meinung, dass zu dieser Zeit (die Achtziger) einem solche Begegnungen nur in Berlin/Kreuzberg passieren konnten.

Man muss dahin sehn, wo's wehtut

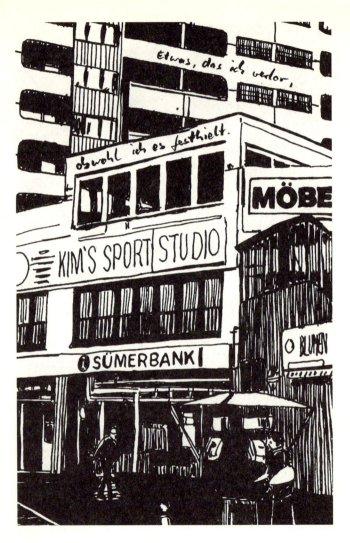

DJANGO

von Thorsten Platz

An der Ecke eine Lücke zwischen den Mietskasernen. Notdürftig hingezimmert kauert ein Flachbau neben dem Bürgersteig. Seine beiden Schaufenster sind blau und weiß beklebt mit Streifen, zwischen denen der Schriftzug ALDI prangt.

Django blickt über die Straße und beobachtet die Omi in ihrem schmierigen lila Anorak, wie sie mit dem Karton, in dem drei Dosen Bier und eine Flasche Doppelkorn klappern, aus dem Laden kommt. Django weiß, daß er es tun wird. Er löst sich vom Geländer und setzt sich in Bewegung. Die Omi steht allein an der Ampel und wartet. Ihr Päckchen hat sie auf einem Pfosten abgestellt und schaut die Ampel an. Django steht darunter und starrt kalt zu ihr herüber. Jetzt ist es grün geworden und sie gehen aufeinander zu. Besser gesagt: Django geht auf sie zu.

Sie wollte nur in den ALDI und sich was besorgen und dann wieder schnell nach Hause und es sich gemütlich machen. Erwin ist mit der ersten Flasche wieder gut dabei und hat sich schon seit heute morgen häuslich eingerichtet. Wäre doch schön, wenn sie noch ein bißchen beieinander bleiben. Hat doch keiner was dagegen. So ein stilles Glück. Das kann ihr doch nun wirklich keiner wegnehmen. War doch auch nicht immer leicht. Und sie will sich auch gar nicht beschweren. War auch schön. Als dann endlich alles geschafft war, und sie den Herrn Korpolewski kennengelernt hatte. Ein schöner Mann. So hart und laut er auch war – der konnte auch anders. Dann hat er sie ausgeführt und sie hat sich fein gemacht. Mit den paar Sachen. Aber es ging schon irgendwie. Mußte ja. Hat ja auch keiner so genau hingeguckt. Ging ja auch gar nicht bei der Dunkelheit.

Strom gab's ja keinen oder nur ganz selten. Und abends schon gar nicht. Da war es zappenduster. Aber der Günter wußte immer, wo es was gab. Ja, und dann ist sie bei ihm eingezogen in das Zimmer. Also, das war schon eine Sauerei, eine richtige Junggesellenbude. Da hat sie dann aber drauf geachtet, daß das in Ordnung kommt. Nur die anderen in der Wohnung, da war ja immer Radau. Und ein Gestank, wenn einer Fleisch vom Bauern mitgebracht hatte. Und erst die Steckrüben, der Geruch ging ja gar nicht mehr raus. Und immer runter in den Hof auf die Toilette. Das war ja nicht schön. Aber man kann es sich ja nicht aussuchen. Sie konnte ja froh sein, daß sie eine Bleibe hatte. Und die Herren Amerikaner mit den schicken Uniformen konnten auch nur großartig in ihren Jeeps sitzen. Sie schauten nicht mal rüber zu ihr, wie sie da an der Ecke stand. Die anderen Mädchen konnten sich hin und wieder was drauf einbilden. Aber das wäre ja auch schmutzig gewesen. Der Günter, das war schon was Reelles. Einfach, aber gut.

Djangos Hände stecken in den Taschen seiner engen Jeans. Die Springerstiefel treffen den Asphalt mit jedem Schritt ein bißchen härter. Der lila Anorak der Omi weht ein bißchen zur Seite und Django sieht ein milchiges Nachthemd flattern, unter dem ein ausgezehrter Körper steckt. Er hält noch immer auf die Omi zu und ist so hart wie die Wirklichkeit. Er will es ihr ins Gesicht schreien. Der Kram soll ihr auf die Straße krachen. Er starrt ihr in die Augen. Seine schwarze Lederjacke weht steif zur Seite und trifft den Karton. Die Omi kommt ins Schleudern. Mit einem kurzen Schrei findet sie das Gleichgewicht wieder und dreht sich um. Doch Django blickt unbeirrt nach vorn und hat nicht einmal ein schmales Lächeln übrig. Er holt tief Luft und konzentriert sich.

Die Punkbraut stößt mit der Schulter gegen die Türe und Django schiebt sich in den zugestellten Vorraum. In der Ecke neben dem Eingang fliegen die leeren Pappkartons rum und er greift sich einen im Vorbeigehen. Das graue Winterlicht ist einem schmierigen Neon gewichen, das die Regale gleichgültig beleuchtet.

Das sind noch Regale. Schlicht gehobelt und einfach zusammengehauen. Klar und wahr stehen sie da und wollen einfach nur Regale sein. Und das sind sie auch. Ehrlich tragen sie ihre Last, ohne viele Worte zu verlieren. Sie wissen, wo sie stehen und stellen keine dummen Fragen. „Nimm den Kram und verschwinde!" wollen sie sagen, denn sie haben schon zu viel gesehen. Sie kennen die Spielregeln. Das ist hier die Zone und keiner wird euch hier rausholen. Ihr seid die Vergessenen. Genauso vergessen wie die Mietskasernen, die unter diesem bösen Himmel strammstehen bis in alle Ewigkeit.

Jedenfalls glauben sie das. So wie sie immer an die Straßenschluchten denken müssen, wie sie dastehen, mit der geraden Oberkante links und rechts. Wie betrunkene Soldaten: in Reih und Glied, teilweise stark angeschlagen. Aber sie halten sich und ihnen kann keiner was erzählen. Sie wissen, wo es lang geht und solange es noch bröckelt, wissen sie, daß es sie noch gibt. Ihre Wände waren immer grau.

Am Abend gehen die Mietskasernen und die Regale immer noch zu Gerda und Hans. Die lassen sie in Ruhe. Da ist es wie zu Hause, nur ist der Kühlschrank voll. Die Regale sitzen in der Ecke an dem runden Tisch und schauen gelegentlich hoch zu den Mietskasernen, die sich stumm auf die Theke stützen und die Wand anstarren.

Django kennt die Regale. Sie müssen ihm nichts mehr erzählen. Der ersten Reihe schenkt er keine Beachtung: Bierdosen links und Safttüten rechts, dahinter stapelt sich das Mehl, das ein Türke gerade verlädt. Das machen sie immer. Die kaufen nicht eine Tüte zu Weihnachten. Die hieven das Zeug kiloweise in den Wagen. Manchmal haben sie zwei Wagen dabei. Hinten bei den Eiern dann wieder dasselbe Spiel. Django denkt nicht an Großfamilien. Er ist froh, den Samstagseinkäufen seiner Eltern entkommen zu sein. Er braucht das nicht.

Sein Karton bekommt Tomatensuppe, zwei kleine Pappschachteln mit Pulver drin. Das reicht. Die Eier von letzter Woche sind noch nicht aufgebraucht. Aber das Brot ist schon wieder alle. Eine Tüte H-Milch gesellt sich noch dazu.

Django steht in der Schlange. Es gibt nur eine Kasse, an der sich die Alte mit den blonden Haaren abarbeitet. Aber die Kasse ist noch weit. Django hält sich an seinem Karton fest und schaut die Chipstüten an. Sie sind groß und billig wie alles hier. Er hat keine Lust auf Chips. Er hat Hunger. Gleich gibt es Spiegelei mit Brot. An der Kasse legt er noch ein Päckchen Bantam aufs Band.

Als er auf die Straße tritt, peitscht ihm wieder der eisige Wind ins Gesicht. Zwei Häuser weiter flüchtet er sich in seine

Toreinfahrt und schrammt mit dem Karton die rußige Mauer. Ein beißender Gestank verpestet die Luft und Django hechtet zwischen dem Müll auf den Seitenflügel zu. Neben der Tür steht der Container des Ladens im Vorderhaus, dessen Rinnsal aus vergorenem Obst und Blut auch bei dieser Kälte fließt. Django sieht nichts in dem dunklen Treppenhaus, aber er kennt den Weg.

Das Geräusch des Heizlüfters hallt durch das Zimmer, als Django den Fernseher einschaltet. Er klemmt den Schraubenzieher in das Antennenkabel und legt ihn Richtung Flughafen Tempelhof. Das ist immer am besten. Er macht es sich auf der Matratze mit dem Essen bequem. Der Heizlüfter brummt in der anderen Ecke des Zimmers gegen die Wand, damit die Augen nicht so brennen. Weil es im Winter so stinkt, ist sein Fenster immer zu. Zu sehen gibt es da draußen auch nichts. Darum hat er die Scheibe mit Pappe beklebt. So ist es einigermaßen gemütlich.

Django hat gelernt, zwischen dem Schnee auf der Mattscheibe die Bilder zu sehen. Das Rieseln verschwindet, wenn das Radar am Flughafen sich von ihm wegdreht. Er kennt den Rhythmus und er kennt seine Serie. Die Schuhe des Unantastbaren krachen auf den Schreibtisch hoch über der Stadt. Der Held blickt erwartungsvoll in den Himmel: Der Highscore scheint unerreichbar. Beide wissen, was zu tun ist, und nur einer kann gewinnen. Django weiß, daß es immer eine Chance gibt, und daß die Zeit mit ihm ist. Er mag besonders den Anfang, wenn die Schlüsselbilder noch einmal gezeigt werden und der Sound die Serie eröffnet.

Da steht der Unantastbare und schleudert eine Geldbombe

gegen ihn. Aber Django springt zur Seite und bekommt zwei Leben. Er wirft die blaue Einkaufstüte gegen das Handy des Unantastbaren, der gerade zur nächsten Geldbombe greifen will. Der Unantastbare verliert den Kontakt zu seinen Kräften und läßt die Scheine fallen. Django hechtet zum Unantastbaren herüber und stülpt ihm die Einkaufstüte über den Kopf.

Als Django um die Ecke biegt, hält sein Wagen vor einer gepflegten Villa im neuenglischen Stil. Niemand ist zu sehen und auf der Armatur seines knallroten Lowriders blinkt das Zeichen für ein neues Leben. Geschafft! Das nächste Level.

Leider ist er mitten in Feindesland, und das Wissen der Straße ist wertlos. Hier zählen Diplomatie und ein perfektes Äußeres. Django zieht den Schlüssel und steigt aus dem Auto. Der tiefe Klang der Wagentüre irritiert ihn. Was haben sie mit dem Lowrider gemacht? Er steht vor einem silbermetallenen Cadillac De Ville und schaut an sich herunter. Verdammt! Der dunkle Zweireiher steht ihm bestimmt gut, aber er fühlt sich nicht wohl in seiner Haut. Er schaut sich den Schlüsselbund in seiner Hand gar nicht erst an. Garantiert gehört einer der Schlüssel zu diesem Prachtbau. Und siehe da, als der Wagen der Security vorbeigleitet, winkt ihm der mexikanische Fahrer freundlich zu.

Django kann es nicht fassen und geht zwischen gepflegten Palmen die Einfahrt entlang auf die Vorderfront zu. Als er mit dem Schlüsselbund klimpert, raschelt das Gebüsch neben ihm verdächtig und er dreht sich blitzschnell um, bereit als erster zuzuschlagen. Aber es ist nur einer der Gärtner, ein junger Hispano in einem verschwitzten Hemd, der ihm mit einem vorsichtigen Nicken ein freundliches „Good evening Mr.

Gonzales!" entgegenbringt. „Good evening, everything fine?" Er kann sich nicht erinnern wie der Kleine heißt und – weit schlimmer – sie sprechen Englisch! Verdammt! „Yes, Mr. Gonzales! And I'm ready for today! The flowers are growing well now! Thank you!" „Bye." „Good bye! Mr. Gonzales!" Unvermittelt öffnet sich die schwere Eingangstüre und Theresa bittet ihn höflich herein. Nein, das ist nicht seine Frau. Dieses blutjunge süße Ding muß die Haushälterin sein. Sie lächelt ihn freundlich an: „Why didn't you park the car in the doorway, Mr. Gonzales?" Eine Falle, ein Trick? „I liked to walk a little bit up the house, you understand?" Ein guter Witz, über den sie gleich lachen muß.

Okay, sie haben ihn hier rein gesteckt. Eine wirklich beschissene Rolle. „Maria is at home and dinner is ready, Mr. Gonzales." Wer ist Maria? „How was Marias day?" „Oh! I don't know, Mr. Gonzales. I did not see her all the day!" Noch unschlüssig, ob Maria jetzt seine Frau oder seine Tochter sein soll, geht er wieder runter zum Wagen.

„Komm, fahr los! Sieh zu, daß du weiterkommst!" Aber er steuert den Cadillac langsam über die Auffahrt und läßt ihn in die Garage gleiten. Als er die Aktentasche vom Beifahrersitz nimmt, sieht er auch den roten Porsche. Er geht um ihn herum und legt seine Hand auf die Motorhaube. Sie ist noch warm. Maria ist also seine Frau. Gespannt, wie sie aussieht, geht er die breite Treppe zum Schlafzimmer hoch. Er öffnet die erste Türe und steht vor einem Bett. Alles erinnert ihn an eine Hotelsuite. Sauber und aufgeräumt. Hinter einer kleinen Türe verbirgt sich das Badezimmer. Er öffnet die Spiegelschränke, kann aber keine Utensilien für die Frauenhygiene entdecken. Ist also offensichtlich sein Schlafzimmer. Er wäscht sich die Hände und wirft sich Wasser ins Gesicht. Wie einfach das geht. Er weiß, wo er hingreifen muß, als er mit geschlossenen Augen nach dem Handtuch greift. Fehlt nur noch leise Musik aus versteckten Lautsprechern. Er hätte das gemocht. Aber die von der Gegenseite haben vielleicht doch nicht so viel Stil wie er immer dachte. Er sucht das zweite Schlafzimmer gar nicht erst, sondern geht langsam die Treppe runter. Im Speisezimmer ist der Tisch nicht gedeckt.

Die Balkontüre ist offen und von draußen hört er Theresas Stimme. Maria sitzt in ihrem leichten weißen Sommerkleid am Ende des Tisches und stellt das Glas zur Seite, als sie Django im Türrahmen sieht. „Hi, Darling! Theresa told me you came home early today – fine!" Und grinst.

WARUM ICH GESTERN AUFHÖREN WOLLTE ZU RAUCHEN

von Françoise Cactus

Hätte ich es bloß getan! Dann würde ich mich jetzt von den „Bulldoggen" nicht mehr beschimpfen lassen. Die „Bulldoggen", das sind die Inhaber des neuen „Tabakladens um die Ecke", grimmige, misstrauische Wesen, die meine „verlogene Überfreundlichkeit" nicht zu schätzen wissen.

Wäre ich nicht so faul, dann würde ich zu meinem früheren „Tabakladen um die Ecke" gehen. Dort ging es zu wie in Césars Kneipe bei Pagnol. Die Erfindung des Dorfes in der Großstadt. Herr Müller war immer rot im Gesicht vor Glück, denn seine Frau war von umwerfender Schönheit, eine Diva, eine Liz Taylor in Blond. Er allerdings hatte nicht Richard Burtons Eleganz. Schütteres Haar, Tomatenhaut, plumpe Sportkleidung. Aber sehr sympathisch. Die Freunde der Müllers, die den ganzen Tag im Tabakladen rumhingen, hauten sich auf die Schenkel, wenn er mit urberlinerischem Akzent die neue *B.Z.* vorlas und kommentierte. Für sie war jedoch der Papagei die Hauptattraktion. Er hatte gar keinen Namen und konnte auch nicht sprechen, aber wie schön er war, mit seinen bunten Flügeln überall. Unermüdlich versuchte er die Glückspfennige rauszupicken, die unter einer Glasscheibe an dem Tresen hafteten.

Wenn ich vormittags den Laden betrat, da glotzte mich der Papagei kurz an, Herr Müller schob seine *B.Z.* zur Seite, die Kumpels rückten diskret in den Hintergrund, wo sie sich ihrem Schultheiss-Morgenbier und richtig blassen, weichen Berliner Schrippen widmeten. Herr Müller legte die Packung „Gauloises" und die neue Wochenzeitschrift auf den Tresen. Wo sonst auf der Welt bekam ich, was ich brauchte, ohne jeden Wunsch geäußert zu haben? „7080 Mark!", sagte er dann. Seine Freunde fanden das irrsinnig komisch.

Seine Frau lächelte wie eine Madonna. Tagsüber saß sie nur am Ende des Tresens und tat nichts als lächeln. Aber wenn die Sonne noch nicht auf war, sah man sie im „Loch in der Wand". Die Ladentür war noch abgeschlossen. Also musste man durchs „Loch in der Wand" bestellen. Waoh! Wie sie schon aussah, um sechs Uhr morgens! Sehr glamourös! Eine unglaubliche Frisur, eine Art mehrstöckige, wasserstoffsuperoxydblonde Geburtstagstorte, aus der künstlerisch geordnete „wilde" Locken ragten Es war bestimmt kein Haarteil. Nein, das sah man gleich: alles echt. Und die Schminke erst! Atemberaubend! Perlmuttblauer Lidschatten über dem langen Eyeliner-Strich, extradeckendes Make Up, schimmernder hellrosa Lippenstift ... Und die Hände, sauber, rosa, maniküriert ... Viel Schmuck, sexy Kleider ... Um das Wunder zu vollbringen, musste sie um drei aufgestanden sein.

Als ich eines Morgens von einer Party kam, war ich überrascht, nicht Frau, sondern Herrn Müller im „Loch in der Wand" vorzufinden. Zuerst dachte ich, er sei total betrunken. Die karge Kopfbehaarung in allen Himmelsrichtungen, die geschwollenen Augen rot unterlaufen, am ganzen Körper zitternd. Traurig reichte er mir die Zigaretten, die ich wie immer nicht bestellt hatte. Aber er meinte nicht, dass sie 4080 Mark kosten würden. „Geht's Ihnen irgendwie nicht gut?", fragte ich. Eine Träne rollte über seine Backe. „Sie ist weg", sagte er, „sie ist weg." „O Nein", sagte ich. „Doch, doch sie hat nen Jeliebten, mit dem ist sie abjehauen." „Oh ... Oh", wiederholte ich nur. „Und icke?", fragte er verzweifelt, „Wat soll ick nur machen? Ick kann doch nicht zu meener Mutter, bei dem Alter." (Er war bestimmt schon über Fünfzig.)

In den nächsten Tagen ging ihm der Papagei auf die Nerven. Mit betretener Miene standen die Kumpel in einer Ecke und kamen bald nicht mehr.

Aber auf einmal war sie wieder da – im „Loch in der Wand"– Frau Müller! Haargenau wie früher, keine Locke war aus der Geburtstagstorte entrutscht. Der Papagei durfte wieder glotzen, zappeln, picken, und Herr Müller pfiff, als er die frischen Zeitungen hineinbrachte. Nachmittags lächelte sie wieder, während er die Freunde erheiterte. Es herrschte Harmonie. Dennoch: Immer wieder musste ich mich fragen: „Wovon träumt Frau Müller, derweil sie so madonnenhaft lächelt?"

DIE AUTORINNEN UND AUTOREN

Doris Akrap
Kam 1997 nach Berlin-Moabit.

Jim Avignon
Der berühmte finnische Vielflieger hat es gerne gut, er malt, macht schöne Musik unter dem Namen Neoangin.

Annette Berr
Geboren 1962 in Berlin, Schriftstellerin, Sängerin und Musikerin. Letzte Veröffentlichungen: „Mascara" (Smoke Records), „Orgasmusmaschine" (Konkursbuch Verlag).
Der Text „Oktoberfest" erschien 1984 in der *taz* und anschließend in ihrem Sammelband „Nachts sind alle Katzen breit" von 1986 (über den Konkursbuch Verlag erhältlich)

Françoise Cactus
Sängerin und Schlagzeugerin bei Stereo Total. Bisherige Veröffentlichungen: „Autobigophonie" (Martin Schmitz Verlag), „Abenteuer einer Provinzblume" und „Zitterparties" (Rotfuchs/Rowohlt-Verlag)
Eine kürzere Version von „Warum ich gestern aufhören wollte zu rauchen" erschien in der *zitty*.

Tatjana Doll
Geboren 1970 in Burgsteinfurt.

Sonja Fahrenhorst
25 Jahre, Studentin und Gründungsmitglied der DPW.

Oliver Grajewski
1968 geboren, kam 1991 für das Kunststudium an der Hochschule der Bildenden Künste in der Klasse von Dieter Appelt, welches er 1997 als Meisterschüler abschloss, nach Berlin. Zur Zeit zeichnet er für die *Berliner Zeitung* und die *Süddeutsche Zeitung* und arbeitet an der neuen Ausgabe seines Magazins „Tigerboy".

Darius James
Darius James finally sobered from his perpetual drunkeness on the
Lower Eastside and, after authoring two books, "Negrophobia" and
"That's Blaxploitation", moved to Berlin ten years later.

Meike Jansen
Geboren 1968 in Osnabrück, arbeitet als Fotografin und bei der *taz*.
Häuser fotografiert sie nachts und tags.

Jürgen Kiontke
36, ist Chefredakteur des Monatsmagazins *Soli aktuell* und
Mitherausgeber der Wochenzeitung *Jungle World*

Almut Klotz
Geboren 1962 im Schwarzwald, lebt seit 1985 in Berlin. Sie war lange
mit den Lassie Singers beschäftigt. Zusammen mit ihrer Kollegin
Christiane Rösinger gründete sie nach deren Auflösung das
Flittchen-Imperium, bestehend aus dem wählerischen CD-Label
Flittchen Records und der mittwöchlichen Flittchenbar. Sie ist freie
Journalistin und leitet den Popchor Berlin.

Dietrich Kuhlbrodt
Geboren 1932 in Hamburg, 1942-45 Pimpf in Zittau, verfolgte
danach zwanzig Jahre lang Naziverbrecher in Ludwigsburg und
Hamburg, Ex-Staatsanwalt, schreibt seit 1957 Filmkritiken (*epdFilm, konkret, Jungle World* u.a.), schauspielert an der Volksbühne-Ost
und in Filmen von Schlingensief (u.a. „Das deutsche
Kettensägenmassaker") und Lars von Trier („Europa"), lebt in
Hamburg, verheiratet mit der Schauspielerin Brigitte Kausch, hat die
Webpage dKuhlbrodt.de.vu. Seine Autobiographie erscheint 2002 im
Verbrecher Verlag.

Leonhard Lorek
Autor, Musiker, Publizist. Lebt seit 1988 in Kreuzberg.

Max Müller
Max Müller wurde 1963 in Wolfsburg/VW geboren. Er siedelte jung nach Berlin über, wo er malt, filmt und schreibt. Veröffentlichung: „Musikcafé Wolfsburg" (Verbrecher Verlag)

Wolfgang Müller,
Kunstgruppe „Die Tödliche Doris", Herausgeber und Autor von „Geniale Dilletanten", (Merve-Verlag Berlin, 1982) organisierte „Elfenrundgänge" durch Kreuzberg, zahllose Auftritte im In- und Ausland. Arbeitet als Regisseur, Musiker, schreibt Hörspiele, ist bildender Künstler, *taz*-Kolumnist, Buchautor und Islandspezialist. Bücher (Auswahl): „Blue Tit - das deutsch-isländische Blaumeisenbuch" (Martin Schmitz Verlag, Kassel), „Die Elfe im Schlafsack" (Verbrecher Verlag, Berlin). Zur Zeit als Gastprofessor an der HfBK Hamburg tätig.

Thorsten Platz
Der Exzentriker aus kleinbürgerlichen Verhältnissen eröffnete 1993 seinen ersten 99-Pfennig-Markt in Berlin. Sein exzessiver Lebensstil trieb das Unternehmen immer wieder in den Ruin.

Christiane Rösinger
Geboren 1961 in Rastatt, aufgewachsen im Badischen. Grundschule, Realschule, Buchhändlerlehre abgebrochen, Kind gekriegt, Abendgymnasium. 1985 Umzug nach Berlin, Allgemeine und Vergleichende Literaturwissenschaft an der FU, Fischbüro, Ex und Pop, Lassie Singers, Magister. Neue Band Britta, Flittchenrecords, Flittchenbar. Lebt als freie Journalistin und Musikerin in Berlin

Sarah Schmidt
1965 am Niederrhein geboren, mit 11 nach Berlin-Schmargendorf ausgewandert. Seit 1982 Kreuzbergerin. 1 Sohn, 1 Wohnung, 1 Akkordeon, keine Haustiere, keine Hobbys. Freiberufliche Autorin. Regelmäßige Veröffentlichungen im Salbader (www.salbader.de). Jeden !!! Sonntag bei „Dr. Seltsams Frühschoppen", 13 Uhr, Kalkscheune (Berlin-Mitte), auf der Bühne zu sehen.

Stefan Wirner
Stefan Wirner wurde 1966 in Weiden in der Oberpfalz geboren. Er ist Redakteur der *Jungle World*. Sein Cut-Up-Text zum NATO-Bombardement auf Serbien, „Installation Sieg" und seine Berlin-Montage „Berlin Hardcore" erschienen im Verbrecher Verlag.
Seine Collage „Die Stellung Kreuzbergs im Universum" benutzt diverse sogenannte volkskundlerische Texte als Vorlage.

Deniz Yücel
Kam 1996 nach Berlin-Kreuzberg.

www.verbrecherei.de
info@verbrecherei.de

Rosenthaler Straße 39
10178 Berlin
Fon: 030 28 38 59 54
Fax: 030 28 38 59 55

VERBRECHER VERLAG

OLIVER GRAJEWSKI
Tigerboy #18
Comic 64 Seiten, geheftet
14 SFr, 7,20 EU
ISBN 3-935843-00-3

„Geschichten, die keine Geschichten erzählen. Das kann schließlich jeder. Hier gehts um die Welt durch die 2D-Brille, den Groove in Zeitlupe und das Fell im Kaffee. Man muß sich nur trauen hinzugehen. Erst kommt das Staunen, dann das Verstehen und am Ende ist alles blanke Begeisterung."
Corinna Fuchs / junge Welt

JIM AVIGNON
TV Made Me Do It
Bilder
Hardcover 120 Seiten (vierfarbig)
39 SFr, 20,40 EU
ISBN 3-9804471-5-4

„Jim Avignon is the Andy Warhol of contemporary Berlin."
Dazed & Confused

MAX MÜLLER
Musikcafé Wolfsburg
Geschichten und Zeichnungen
Taschenbuch 110 Seiten
24 SFr, 12,30 EU
ISBN 3-9804471-7-0

„Müllers Texte sind weit entfernt von der billigen Faszination des Morbiden, mit den Stilmitteln der Groteske und des Splatterfilms wird eine zutiefst moralische Botschaft vermittelt."
Christiane Rösinger / FAZ

Rosenthaler Straße 39
10178 Berlin
www.verbrecherei.de Fon: 030 28 38 59 54
info@verbrecherei.de Fax: 030 28 38 59 55

VERBRECHER VERLAG

DIETMAR DATH
Skye Boat Song
Taschenbuch 144 Seiten
24 SFr, 12,30 EU
ISBN 3-9804471-8-9

„Gleichzeitig ist ‚Skye Boat Song' vor allem eine wahnsinnig spannende Geschichte, die von der "rasanten Verunheimlichung aller alltäglichen Dinge und Gegenstände erzählt."
Sven Opitz / Intro

DIETMAR DATH
Am blinden Ufer
Roman
Taschenbuch 240 Seiten broschiert
26 SFr, 13,30 EU
ISBN 3-9804471-4-6

„Von Dietmar Dath möchte man sich vieles sagen, mitgeben oder erklären lassen. Weil er einen großen Stoff mit leichter Hand in den sprichwörtlichen Griff bekommt."
Kristof Schreuf / junge Welt

BARBARA KIRCHNER
Die verbesserte Frau
Taschenbuch 240 Seiten
28 SFr; 14,30 EU
ISBN 3-935843-01-01

„Bettina, gescheiterte Studentin, verknallt sich über Umwege in die mysteriöse Neurowissenschaftlerin Ursula. Das ist der einfache Teil an Barbara Kirchners Thriller. Kirchner läßt hier ihre wissenschaftliche Erfahrung einfließen, die sie als promovierte theoretische Chemikerin gesammelt hat. Fazit: In einem Satz durchlesen und sich über die Schlechtigkeiten der Welt wundern!"
Sabine König / Lespress

www.verbrecherei.de
info@verbrecherei.de

Rosenthaler Straße 39
10178 Berlin
Fon: 030 28 38 59 54
Fax: 030 28 38 59 55

VERBRECHER VERLAG

STEFAN WIRNER
Berlin Hardcore
Taschenbuch 120 Seiten
24 SFr, 12,30 EU
ISBN 3-9804471-9-7

Berlin, die Stadt deutscher Träume, die Hauptstadt der Berliner Republik. Wirner hat aus begeisterten Artikeln zum neuen Berlin einen Text montiert, der witzig und unaufgeregt entlarvt, welcher Ungeist die Berlinaktivisten und ihre Claqueure beseelt.

STEFAN WIRNER
Installation Sieg
Taschenbuch 120 Seiten
19 SFr, 9,70 EU
ISBN 3-9804471-3-8

„Vor allem durch die Länge des 120-seitigen Buches mit seinen immer wiederkehrenden, aber unterschiedlich dekorierten Argumenten wird die aufgefahrene Propagandamaschine offensichtlich ..."
Verena Buschmann / junge Welt

WOLFGANG MÜLLER
Die Elfe im Schlafsack
Geschichten und Zeichnungen
Taschenbuch 108 Seiten
24 SFr, 12,30 EU
ISBN 3-935843-04-6

Der Elfenexperte Wolfgang Müller arbeitet mit Gestalten der isländischen Mythologie und entführt sie in die heutige Zeit.
So ist von einem Handelskrieg unter Zwergen zu lesen, vom Odinshühnchen, das die Geschlechterrollen in Frage stellt, und von einem männlichen Wasserfallnymph, der sein Coming Out in warmen Quellen erlebt. Komplettiert wird das Buch durch eine Zitatensammlung, in der sich prominente Isländerinnen und Isländer zu Elfen und Zwergen äußern.